企业智慧采购模式探索

韩方运 等著

中国财富出版社有限公司

图书在版编目（CIP）数据

企业智慧采购模式探索／韩方运等著 . —北京：中国财富出版社有限公司，2021.6
ISBN 978－7－5047－7422－4

Ⅰ.①企…　Ⅱ.①韩…　Ⅲ.①企业管理－采购管理－研究　Ⅳ.①F274

中国版本图书馆 CIP 数据核字（2021）第 079607 号

策划编辑 王　靖		**责任编辑** 白　昕　晏　青		
责任印制 梁　凡　郭紫楠		**责任校对** 杨小静		**责任发行** 敬　东

出版发行 中国财富出版社有限公司

社　　址 北京市丰台区南四环西路 188 号 5 区 20 楼　　**邮政编码** 100070

电　　话 010－52227588 转 2098（发行部）　　010－52227588 转 321（总编室）
　　　　　010－52227588 转 100（读者服务部）　010－52227588 转 305（质检部）

网　　址 http://www.cfpress.com.cn　　　　　**排　　版** 宝蕾元

经　　销 新华书店　　　　　　　　　　　　**印　　刷** 宝蕾元仁浩（天津）印刷有限公司

书　　号 ISBN 978－7－5047－7422－4/F·3294

开　　本 787mm×1092mm　1/16　　　　　**版　　次** 2021 年 7 月第 1 版

印　　张 12.25　　　　　　　　　　　　　**印　　次** 2021 年 7 月第 1 次印刷

字　　数 219 千字　　　　　　　　　　　　**定　　价** 128.00 元

编委会

主　任：韩方运

副主任：李彦斌　仝金正　杨百兴

编写组

组　长：杨百兴

成　员：李　琳　刘　宁　孙云飞　周伯生

王　辉　张万水　王路路

序言一

　　2020 年，新冠肺炎疫情带来的巨大冲击让我们深刻认识到供应链稳定性对全球经济社会发展的重要作用。在后疫情时代，加速完善供应链体系，促进行业间的高效协作，对构建我国"双循环"新发展格局、保障国计民生稳定繁荣具有深刻价值。作为供应链管理的关键环节，采购管理水平的提升能够有效降低企业的运营成本，增强供应链的稳定性，为企业高质量发展保驾护航。

　　随着企业生产方式和经营模式的不断变化，采购由早期与物流、交付、投产等相连的管理环节逐步向价值环节转变，采购管理的目标也由降低企业经营成本拓展到为供应链布局提供支撑。在数字经济发展的新背景下，采购管理不单是对业务流程的思考，也是从全局视角出发，运用新兴技术手段，深度捕捉、分析采购过程中的产品信息数据，从而搭建智慧可靠的采购生态圈，以保障整个供应链体系的高效运转。

　　"运筹帷幄之中，决胜千里之外"，国家能源集团物资有限公司立足于新时代我国社会经济发展的宏观环境及未来采购管理智慧化转型趋势，结合公司发展实际，从顶层设计、标准制定、流程优化、平台搭建、业务转型等方面，自上而下构建起了采购管理智慧化转型的基本框架，实现了公司供应链管理在战略层、管理层、执行层的全方位提升。在抗击新冠肺炎疫情的过程中，公司通过在智慧采购平台上线"湖北专区"、创新开发"互联网＋云销售"等采购方式，有效提升了商品的引流能力与总体销量，为湖北地区复工复产作出了积极贡献。

　　国家能源集团物资有限公司采购管理转型的实践彰显了公司追求"双一流"的精神，更体现了以数字化技术赋能采购管理业务对推动"两化融合"的重要价值。《企业智慧采购模式探索》一书以采购管理理论与典型案例相结合的方式，展示了国家能源集团物资有限公司巧妙运用管理学思维制定采购转型战略，科学借助理论工具对采购业务进行数字化改造，最终实现采购管理智慧化转型的具体过程。相信本书能够为相关单位推进数字化、智慧化转型，建设一流企业提供一些经验和启示，为我国现代智慧供应链建设作出贡献。

李彦斌

华北电力大学经济与管理学院院长

序言二

中共十九届五中全会提出，要加快发展现代产业体系，推动经济体系优化升级。2021年是"十四五"开局之年、全面建设社会主义现代化国家新征程开启之年，要积极贯彻落实中央指示和国家战略，坚定不移地推进产业基础高级化、产业链现代化，提升产业链、供应链现代化水平。

要提升供应链的现代化水平，一是要有理论体系的支撑，理论研究是供应链现代化的基础。二是要把握创新在现代化中的关键地位，形成供应链实践和发展的核心驱动力。比如通过提高创新能力来促进企业的生产组织模式升级，从过去以提高效率、降低成本为目标的模式转型升级为以科技创新、创造新价值为目标的模式。三是要加强协同和整合，供应链过去做的是传统的资源整合、流程优化管理，未来要做的是产业链和产业、产业和产业之间的融合与协同。通过供应链真正形成产业链，通过产业链形成价值链。四是要重视数字化，通过先进技术和现代生产组织方式的融合，构建数字供应链。

供应链现代化最重要的特征就是数字化水平的不断提升。当前，很多国有企业都在建设"电子采购平台"或者"智慧采购平台"，以采购职能的信息化为抓手，从电子采购逐步向智慧采购迈进。未来，基于大数据、人工智能、区块链、物联网、5G等技术支撑的数字经济时代，智慧采购将成为标配，其最后的目标一定是智慧供应链。

国家能源集团物资有限公司作为智慧采购领域的先行者，积累了丰富的理论知识和实践经验，将理论和经验总结提炼成书，为我国国有企业智慧采购实践提供了宝贵的启示。本书对采购细分领域进行了系统的解读剖析，注重前沿理论对企业经营的指导，以及实践经验对行业发展的促进，从采购与供应链创新性实践等方面甄选了大量优秀案例，值得采购行业从业人员参考借鉴。作为采购与供应链领域的行业组织，中国物流与采购联合会为此书的出版深感高兴。本人应邀欣然提笔，为之作序。

蔡　进

中国物流与采购联合会副会长

国际采购与供应管理联盟亚太区主席

前　言

　　数字经济的蓬勃发展，将人类社会由工业经济时代带入数字经济时代。产业互联网、人工智能、数字化转型等正逐步从概念走向真正的实践，重构了企业的商业模式和管理模式，也催生了各个产业新的生态。

　　2020年，新冠肺炎疫情席卷全球，中国成为当年唯一正增长的主要经济体。突如其来的疫情，是对全球企业的一次商业模式检验，更是一次数字化转型的压力测试。物理世界的隔离，进一步推动了数字世界的建设。很多企业意识到，数字化不仅是"降本增效"的问题，而且是"生死存亡"的问题。"云大物移智"等新一代信息技术，彻底颠覆了传统的思维模式、管理理念和商业模式，引领人类社会进入智能化时代。中国企业不仅正在加速数字化转型，也大刀阔斧地拥抱创新发展。在全球经济环境持续变化的今天，中国企业加强采购管理不仅是推进供给侧结构性改革的必然要求，更是提升企业核心竞争力、有效应对激烈市场竞争的迫切要求。

　　国有企业的采购管理先后经历了从分散采购到集中采购，从传统采购到电子采购、电商采购、智慧采购并逐步形成智慧供应链生态圈的发展历程。采购数字化工作在经历了大规模建设、深化应用阶段之后，正在进入深度融合、创新应用的新阶段。随着时代的进步、技术的发展，采购数字化开启价值增长新时代，对于企业来说势在必行。

　　本书是国家能源集团物资有限公司致力于采购领域多年的实践总结和提炼，共分为企业采购环境分析、企业采购管理理论、企业智慧采购模式探索和企业智慧采购实践四个部分，对智能时代企业采购数字化转型的意义、管理理论、演进路径以及具体实践等进行分析，提出对采购未来发展的一点思考。

谨以本书出版为契机，建立交流共享平台，为企业推进供应链转型，创新智慧采购建设，推动产业链、供应链升级，提供可供参考借鉴的理论框架和技术路径。

韩方运

国家能源集团物资有限公司党委书记、董事长

目录
CONTENTS

第四篇

企业智慧采购实践

第一篇

企业采购环境分析

第1章

时代背景变革

全球化发展至今，各国间联系日趋紧密，影响不断加深，一国的经济运行、政策变化、新技术应用等，都将对其他国家产生一定的影响，这使环境中的不确定因素增加，宏观环境对于行业而言更加复杂多变。同时，随着越来越多的科研学者将研究方向聚焦于智能制造领域，对于信息科学技术的理论研究不断完善，人工智能、大数据、5G 等技术逐步在各行业开展应用，智能制造受到世界各国越来越多的关注，各个国家相继推出一系列智能制造支持政策和发展计划，推动产业结构调整与技术变革，以期在新的变局中占据先机。在此背景下，能源行业供应链的重塑也将成为能源行业变革的重要内容之一，物资采购作为供应链绩效提升的重要部分，同样需要顺应行业变革作出改变。

本章总述时代的大环境变化，分别从经济环境和工业化发展战略两个方面阐述了时代变化，分析总结时代变革对行业生产模式、企业运营模式以及物资采购模式的影响。

1.1 全球经济环境变化

自 20 世纪 80 年代末起，在科学技术的推动下，各国间的壁垒逐步消失，技术、资金、信息和人员在国家间的流动日益频繁，全球化逐步成为世界经济发展的趋势。经济全球化大幅提升了全球资源配置效率，为世界经济长久可持续发展提供了解决方案。对于我国而言，顺应经济全球化趋势，积极加入经济全球化的发展进程，能够使我国在复杂多变的环境中获益。

企业在复杂多变的环境中不断发展壮大离不开战略层面的全球化布局。从企业发展的角度而言，全球化布局不仅是自身产业转型的需要，也是企业壮大的必然阶段。在经济全球化的今天，企业的经营活动不可能囿于"一国一地一市场"，必然要在条件成熟时走向世界，去寻求市场、资源和技术。以海尔集团为例，自中国加入WTO以来，海尔集团提出了"走出去、走进去、走上去"的"三步走"战略，以"先难后易"的思路，首先进入发达国家创名牌，然后进入发展中国家市场，逐渐在海外建立起设计、制造、营销的"三位一体"本土化模式，整合全球的研发、制造、营销资源，将企业打造为全球化品牌。2020年，在一些跨国企业营收下滑之际，海尔海外市场业务却逆势增长：营收达千亿元，利润率创10年新高，海外8个大区市场份额进一步扩大。海尔不仅海外销售占比达到47%，而且海外市场利润率已达到4%以上，"海尔中国造"在物联网时代走向了全球。

但企业在参与全球化的过程中也应注意，近年来发达国家推进经济全球化发展的意愿减弱，单边主义和贸易保护主义抬头，多种"逆全球化"举措出现。一些国家通过运用法律和行政手段，变相对跨国企业进行限制。《世界投资报告2018》显示，2017年全球外国直接投资（FDI）下降了23%，主要原因是超大型并购及企业重组减少导致跨国并购下降29%，美国FDI流入量大幅下降了约40%，从4500亿美元降至2750亿美元。

2019年以来，世界经济形势趋于低迷。国际货币基金组织（IMF）2019年10月发布的《世界经济展望报告》将2019年世界经济增速预期下调至3%，这是自2008年以来全球经济增速的最低值。同时，2020年10月发布的《世界经济展望报告》，预测2020年全球经济将萎缩4.4%，具体而言，IMF预测发达经济体2020年将衰退5.8%，其中美国经济将衰退4.3%，欧元区经济将衰退8.3%，英国经济将衰退9.8%。新兴市场和发展中经济体经济将衰退3.3%，其中印度经济将萎缩10.3%。结合数据分析，IMF认为，新冠肺炎疫情对全球经济造成了严重的冲击，全球经济复苏前景很可能是"漫长、不均衡且高度不确定的"。当前世界经济的主要特征表现为以下三个方面。

第一，经济增长动力不断弱化。其主要表现在三个方面：一是先行指数和制造业采购经理人指数（PMI）大都在荣枯线之下。近期，全球制造业PMI以及美国、中国、欧元区、日本、德国等主要经济体的PMI均在50%以下，全球制造业普遍陷入低迷。二是国际贸易增速在全球范围内大幅放缓。世界贸易组织（WTO）2019年10月将全球贸易增速预测下调至1.2%，为10年来的最低水平，而4月的预测仍高达2.6%，中国、美国、日本、德国等主要贸易大国出口也呈低速增长甚至萎缩的态势。三是劳动力市场可改善的空间趋于缩小。近几年来，全球劳动力市场逐步改善，其中美国的失业率处于 1970 年以来的新低，欧元区恢复到危机前水平，日本恢复到 20 世纪 90 年代初泡沫经济破裂时的水平。随着经济的下行压力增大，劳动力市场继续向好的可能性较小。

第二，各类风险因素的影响逐步深化。当前全球经济增长乏力的原因主要包括贸易摩擦此起彼伏、地缘政治风险居高不下，可能会进一步扰乱供应链并阻碍投资信心和经济增长。这种紧张局势以及国家政策的不确定性可能会对新兴市场经济体和欧元区的经济增长产生不利影响。此外，各类风险因素不断聚集导致市场负面情绪积累，也加剧了金融体系脆弱性。

第三，全球货币政策趋于同化。2019 年以来，全球超过 30 个主要经济体宣布降息，特别是美联储三次下调联邦基准利率，降幅达 75 个基点，欧洲央行也于 2019 年 9 月宣布降息并重启资产购买计划，这两大事件进一步明确了当前全球货币政策趋向宽松的主基调。然而，全球已有日本和欧洲央行等多个货币当局采取负利率政策，美联储的降息空间也较次贷危机爆发时更小，所以尽管未来全球货币宽松趋同，但其有效性不容乐观。

过去数十年间，经济全球化大幅提升了全球资源配置效率，成为全球经济增长的重要引擎，但随着国际环境的不断变化，经济全球化也面临新的挑战。在发达国家经济增长缓慢，推动全球化意愿减弱的同时，我国作为新一轮全球化的支持者、塑造者和引领者，需要以更加开放包容的心态处理全球化进程中的各类问题与矛盾，在合作中谋发展。近年来，我国始终支持多边贸易体制，通过实施一系列扩大开放的举措，为中国企业"走出去"提供新的机遇和更广阔的天地。中国企业的海外投资，也将引领新一轮全球化进程，为建设人类命运共同体作出贡献。

我国能源行业企业作为"走出去"的重要部分，在抓住经济全球化带来的机遇的同时，更要做好应对挑战的准备，增强自身实力，培养全球视野，在制定企业发展战略时考虑经济全球化的影响，提前进行布局，提升企业的抗风险能力，在保障我国能源安全的同时完成企业的国际化转型。

供应链管理作为一种新兴的管理理念，在经济全球化的时代背景下，在近几十年的时间里得到了快速发展，并且在国际化企业中得到了广泛应用。供应链管理通过整合链上各主体的资源，使得企业能够更加高效地对各类物资进行调动和利用，达到资金流、物流、信息流的最优化，并且能够对供应链各个环节实现有效监管和规划。供应链管理带来的价值与作用正在不断显现，未来会更广泛地适用于社会经济生活的方方面面，为社会生产高效运作提供动力。企业物资采购管理作为供应链管理中的重要部分，正由传统的采购模式朝着更加现代的采购模式发展，同时更加注重整体性和动态性，协调企业内外资源的统一管理以及与供应商战略合作关系的建立。

1.2 各国工业化发展战略

当今世界，第四次工业革命方兴未艾，主要由"智能工厂""智能制造"以及"智能物流"三大部分组成，其中"智能制造"是主导，是提供产品、消费与生产三方融合的一种高度灵活的个性化、数字化的产品与服务的生产模式（见图1-1）。

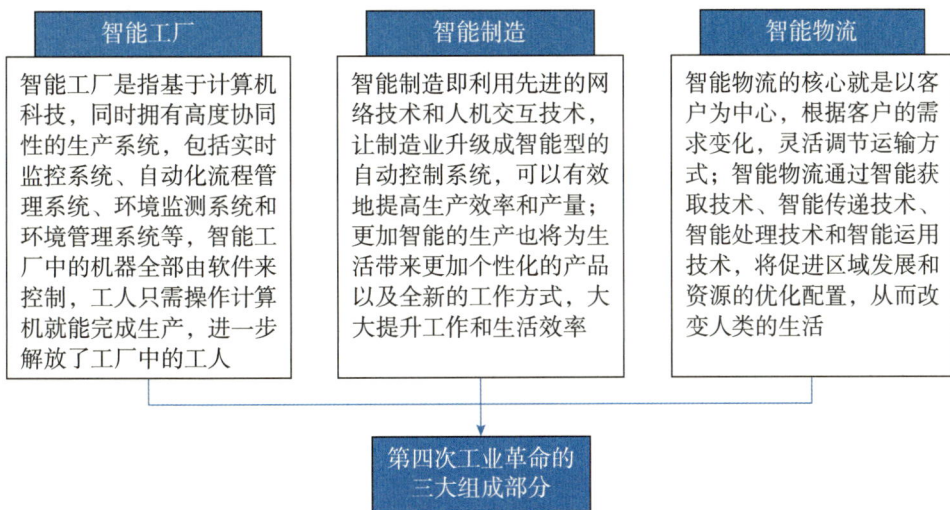

智能工厂	智能制造	智能物流
智能工厂是指基于计算机科技，同时拥有高度协同性的生产系统，包括实时监控系统、自动化流程管理系统、环境监测系统和环境管理系统等，智能工厂中的机器全部由软件来控制，工人只需操作计算机就能完成生产，进一步解放了工厂中的工人	智能制造即利用先进的网络技术和人机交互技术，让制造业升级成智能型的自动控制系统，可以有效地提高生产效率和产量；更加智能的生产也将为生活带来更加个性化的产品以及全新的工作方式，大大提升工作和生活效率	智能物流的核心就是以客户为中心，根据客户的需求变化，灵活调节运输方式；智能物流通过智能获取技术、智能传递技术、智能处理技术和智能运用技术，将促进区域发展和资源的优化配置，从而改变人类的生活

第四次工业革命的三大组成部分

图 1-1 第四次工业革命的三大组成部分

目前，面对科技创新发展的新趋势，世界主要国家都在寻找科技创新的突破口，抢占未来经济科技发展的先机。2019年，5G的商用化在美、欧、亚等地区几乎同期开启，这无疑为行业数字化、智慧化的发展提供了良好的技术支持。美国提出了先进制造业国家战略计划；德国发布了"工业4.0"战略，在全世界引起了强烈的反响和深远的影响，自从这一概念提出后，许多国家提出了类似"工业4.0"的计划，我国颁布了《中国制造2025》国家行动纲领，这些战略的核心都是工业的数字化、可视化与智慧化。在新一轮工业革命的推动下，现代企业亟须通过转型为企业持续发展注入蓬勃动力。以"工业4.0"为标志的智能制造时代正推动各国以及各企业进入更深层次的竞争。各国在新的发展机遇期提出的工业化发展战略如表 1 – 1 所示。

表 1 – 1   各国工业化发展战略

国别	工业化发展战略	提出时间
德国	工业 4.0	2013 年 4 月
美国	工业互联网	2014 年 3 月
韩国	制造业创新 3.0	2014 年 6 月
新加坡	工业 4.0	2015 年
中国	中国制造 2025	2015 年 5 月

2011 年，德国相关协会提出"工业 4.0"的初步概念，此后，来自企业、政府、研究机构的专家进一步对"工业 4.0"进行研究并于 2013 年发表了"工业 4.0"标准化路线图，组建了由协会和企业参与的"工业 4.0"平台（Plattform – Industrie 4.0），随后，德国政府也将"工业 4.0"纳入《德国 2020 高技术战略》中，使之正式成为一项国家战略。

德国"工业 4.0"战略旨在通过充分利用信息通信技术和信息物理系统（CPS）相结合的手段，推动制造业智能化转型，主要表现在以下几个方面。

1.2.1 "工业 4.0"是互联

"工业 4.0"的核心是连接，通过技术手段，将生产过程中的各环节、各主体连接起来，提升信息的流动效率。在技术层面，将传感器、嵌入式终端系统、智能控制系统、通信设施通过信息物理系统形成一个智能网络，使各生产设备、生产主体间能够进行数字交换，构建起数字孪生世界。

（1）生产设备之间的互联。

从"工业 2.0"到"工业 3.0"时代的重要标志是单机智能设备的普及，我们可以把它理解为单机设备智能化水平不断提升并推广普及。而从"工业 3.0"到"工业 4.0"的标志则是单机智能设备的互联，通过"连点成线，连线成网"的方式，构建起智能生产体系。智能生产设备间的互联形成了智能生产线，各生产线连接组成智能工厂与智能制造系统，设备、生产线以及工厂互联组成的智能制造系统，能够满足日益个性化、差异化的制造需求。

（2）设备和产品的互联。

设备与产品的互联是指生产智能化程度的提升，"工业 4.0"意味着智能工厂能够实现智慧化运转，零件与机器可以进行"交流"。即生产能够以需求为驱动，通过对外界需求变化的捕捉与需求数据的分析和预测，工厂能够不断优化生产方案。同时，产品与设备间的互联将大幅提升供应链的可视化程度，使产品能够协助生产过程，回答"我是什么时候被制造的""我应该被传送到哪"等问题。

（3）虚拟和现实的互联。

信息物理系统是"工业 4.0"的核心，它通过将物理设备连接到互联网上，让物理设备具有计算、通信、控制、远程协调和自治五大功能，从而实现数字世界与物理世界的融合，构建起数字孪生世界。信息物理系统可以将资源、信息、物体以及人紧密联系在一起，从而创造物联网及相关服务，并将生产工厂转变为一个智能环境，是实现设备、产品、人协调互动的基础，实现生产过程中"感知—适应—诊断—决策—修复"的智慧化。

（4）万物互联。

万物互联就是人、物、数据和程序通过互联网连接在一起，实现人类社会的数字孪生，重构整个社会的生产工具、生产方式和生活场景。通过万物互联，人们能够以多种方式连接到互联网，用于感知、传输、处理的各类终端设备将成为"触角"与"连接点"，使物理世界感知和人群交互在线化、实时化。

1.2.2　工业 4.0 是集成

"工业 4.0"终端设备通过 CPS 组成智能网络，使人与人、人与设备、设备与设备以及服务与服务之间能够互联，从而实现横向、纵向和端对端的高度集成。集成是"工业 4.0"的关键词，也是长期以来中国推动两化融合的关键词。两化融合可分为起步阶段、单项应用阶段、综合集成阶段、协同创新阶段四个阶段，综合集成阶段是信息化和工业化融合走向纵向集成的重要标志，中国两化融合主要强调了企业间的横向集成和企业内部的纵向集成，而德国"工业 4.0"增加了端到端的集成。

（1）纵向集成。

纵向集成在不同的发展阶段有不同的定义，在现阶段，纵向集成是指企业内部信息化程度的加深，是企业信息流、物流与资金流的集成。纵向集成按照集成的深度可以划分为三类：生产环节上的集成（如研发设计内部的信息集成）、跨环节集成（如研发环节与制造环节的信息集成）以及产品全生命周期的集成（如产品从设计生产到使用的信息集成）。"工业 4.0"追求的就是在企业内部实现所有环节信息无缝连接，这是所有智能化的基础。

（2）横向集成。

横向集成是企业间通过供应链、价值链进行资源整合的一种方式，企业间的横向集成能够大大消除它们之间的信息壁垒，助推企业间实现产品开发、生产制造、销售服务、经营管理等的信息共享和业务协同。

在市场环境的不断变化与技术创新的驱动下，企业内部的资金流、物流与信息流的集成已不能满足企业的发展需求，因此，企业需要在实现内部集成的同时追求供应链、产业链的信息集成，从研发、计划、生产、销售、服务各环节入手，实现从企业内部的价值链重构到企业间的价值链重构。

（3）端到端集成。

端到端集成是指通过价值链上不同企业资源的整合，实现从产品设计、生产制造、物流配送、售后服务的产品全生命周期的管理和服务，它通过产品价值链的创造集成供应商、制造商、分销商以及客户信息流、物流和资金流，在为客户提供更有价值的产品和服务的同时，重构产业链的价值体系。

1.2.3 "工业 4.0"是数据

德国机械设备制造业联合会及 SAP 的专家在交流时都提出，"工业 4.0"的核心就是数据。SAP 高级副总裁柯曼也提到，对实时数据的精准分析是对企业发展至关重要的部分。

终端设备的普及以及信息处理系统的构建将会带来无所不在的感知和连接，生产装备、感知设备、联网终端以及生产者自身产生的数据将会渗透到企业运营、价值链乃至产品的整个生命周期，是"工业 4.0"和智能制造的基石。

（1）产品数据。

产品数据包括设计、研发、建模、加工、测试、维护、产品结构、零部件配置参数、变更记录等数据。各项产品数据的记录、传输、处理和加工，使得产品全生命周期管理成为可能，也为满足个性化的产品需求提供了条件。通过智能终端的应用，产品数据的获取将不再依赖外部设备的记录，而是通过内嵌的传感器自动获取。

同时，企业与消费者之间的交互和交易行为也将产生大量数据，挖掘和分析这些数据，能够帮助消费者参与产品的需求分析和产品设计、柔性加工等创新活动，为产品的优化提供支撑。

（2）运营数据。

运营数据包括组织结构、业务管理、生产设备、市场营销、质量控制、生产、采购、库存、目标计划、电子商务等数据。工业生产过程中无所不在的传感、连接，产生了大量数据，这些数据会为企业的研发、生产、运营、营销和管理方式创新提供帮助。首先，生产线、生产设备的数据可以用于对设备本身进行实时监控，同时将生产数据反馈至生产过程中，使得工业控制和管理最优化。其次，通过对供应链各环节数据的采集和分析，能够为供应链改进和优化提供思路。最后，根据运营数据的变化，企业能够动态调整生产节奏和规模，降低企业的运营成本。

（3）价值链数据。

价值链数据包括客户、供应商、合作伙伴等数据。大数据技术的发展和应用，使得供应链上各环节数据和信息能够被深入分析和挖掘，并实现数据的可视化，为企业管理者提供看待价值链的全新视角，使得企业管理者能够通过数据分析，发现企业生产与管理中可被优化的环节，为企业在战略层面塑造优势提供参考。

（4）外部数据。

外部数据包括经济、行业、市场、竞争对手等数据。对外部数据的掌控与分析是企业进行风险预测、风险识别、提升自身抗风险能力的基础与核心。通过运用大数据分析技术，综合分析宏观经济、行业市场发展等数据，并将结果应用于生产与管理实践中，是企业降低运营成本、提升抗风险能力的重要手段。当前，少数领先的企业已经通过为包括从高管到营销人员甚至车间工人在内的员工提供信息、技能和工具，引导员工更好、更及时地在"影响点"作出决策。

"工业4.0"不仅是生产设备之间的互联、设备和产品之间的互联，也是虚拟和现实的互联，最终实现万物互联。信息技术发展的最终目标是实现无所不在的连接，所有产品都将成为一个网络终端。人、物、数据和程序通过互联网连接在一起，实现人类社会所有人和人、人和物以及物和物之间的互联，重构整个社会的生产工具、生产方式和生活场景。这就要求供应链作出改变，供应链必须加速转型，以适应现代工业生产节奏。

1.3 中国工业化发展战略

2015 年 3 月 5 日，李克强总理在全国两会上做《政府工作报告》时首次提出"中国制造 2025"的宏大计划。2015 年 5 月 19 日，国务院正式印发《中国制造 2025》国家行动纲领，"中国制造 2025"战略的提出受到世界关注。通过"中国制造 2025"战略的实施，全面提升中国制造业发展质量和水平，使中国迈入制造强国行列，成为制造强国。

现在的德国是世界工业发展的引领者，德国已经从"工业 3.0"阶段一步步走向"工业 4.0"阶段，由生产自动化向智能化迈进。但现在的中国工业仍然处于"工业 2.0"阶段与"工业 3.0"阶段之间，积极向生产自动化方向发展。"工业 4.0"与"中国制造 2025"的提出同是为了占领世界工业发展先机，提升国家工业发展水平，提升全球竞争力。但二者也有许多不同之处。

首先，"中国制造 2025"和"工业 4.0"两个战略是中德两国在不同时代提出来的。德国工业经历了三次工业革命，生产技术已经相当成熟，数控系统技术早已成为德国制造业的标配，德国制造在全世界范围都是优秀的代名词，德国制造业是世界上极具竞争力的制造业之一，是全球制造装备领域的领头羊。而中国工业还处于大批量生产阶段，企业发展水平参差不齐，有的依靠生产线实现批量生产，有的依靠电子系统和信息技术实现生产自动化。数控系统技术也没有完全掌握技术技巧，中国目前只是个制造大国，离制造强国还有一定的距离。

其次，"中国制造 2025"和"工业 4.0"两个战略定位也是不同的。因为两国在制造业方面所处的阶段不同、生产基础不同，经济发展也是不同的。"中国制造 2025"提出"创新驱动、质量为先、绿色发展、结构优化、人才为本"的基本方针，"工业 4.0"则提出实现智能化工厂和智能制造，由数字化向智能化迈进。德国是由制造强国向超级强国发展，中国则是由制造大国向制造强国发展。

因此，"中国制造 2025"采取"总体规划、分步实施、重点突破、全面推进"的发展策略。也就是 10 年规划分两个阶段实施：第一阶段（2015—2020 年），全面推广数字化、网络化技术的应用，部分行业和企业开展智能化技术应用的试点和示范，如大力推进"数控一代"机械产品创新工程；第二阶段（2020—2025年），大力推进网络化智能化技术的应用，如着力推动"智能一代"机械产品创新工程。

最后，"中国制造2025"提出要实施五大工程：智能制造工程、制造业创新中心建设工程、工业强基工程、绿色制造工程、高端装备创新工程。其中，最核心的是实施智能制造工程。同时制订"互联网 +"行动计划，推动移动互联网、云计算、大数据、物联网等与现代制造业结合，促进电子商务、工业互联网和互联网金融健康发展，引导互联网企业拓展国际市场。大力破除对个体和企业创新的种种束缚，形成"大众创业、万众创新"的新局面。随着数字化时代的到来，我国企业更需要结合"中国制造2025"的战略背景，有效提升供应链的管理效率，将供应链管理与"中国制造2025"进行深度融合，共同推动我国向制造强国的行列迈进。

第 2 章

信息技术革新

技术的革新往往会推动一个行业的生产方式、组织架构、业务流程和管理模式的转变。当今时代，物联网、区块链、大数据、5G 技术的发展与应用，将对供应链的整体架构、企业运营模式以及物资管理方式产生影响。本章对技术变革中的供应链管理、企业运营以及物资管理进行概述。

2.1 技术变革中的供应链管理

现阶段，新一代信息技术的发展与应用，不仅是为传统供应链效率提升、质量监管、物流时效等问题提供技术解决方案，而且是从本质上对供应链架构进行重组，推动供应链管理流程的精简优化及供应链管理模式的转变，推动供应链智慧化。

传统供应链中各主体主要按物资流动方向排列，呈链状结构，而区块链技术的应用，将推动供应链结构向网状发展。链状结构使信息在由上游传递至下游时产生了一定的损耗，导致各供应链主体之间信息不对称，增加了主体间的信任成本，导致供应链整体协作能力的下降。而在智慧供应链中，新一代信息技术的应用将改变这种链状结构，建立供应网，当供应链中的某一主体创建新交易时，此新交易将广播到整个网络进行验证和审核，一旦链中的大多数节点（供应链中的各主体）批准了此交易，则此新交易将根据预先指定的批准规则添加到链中，同时该交易记录将保存在几个分布式节点中以确保其安全性。这样的模式使供应链各主体间真正实现了信息共享，同时降低了主体间的信任成本，能够大幅提升供应链主体间的协作水平。图 2 - 1 为传统供应链与智慧供应链结构对比。

除此之外，新技术的应用还将推动传统供应链的价值网络进化为知识共享型

传统供应链

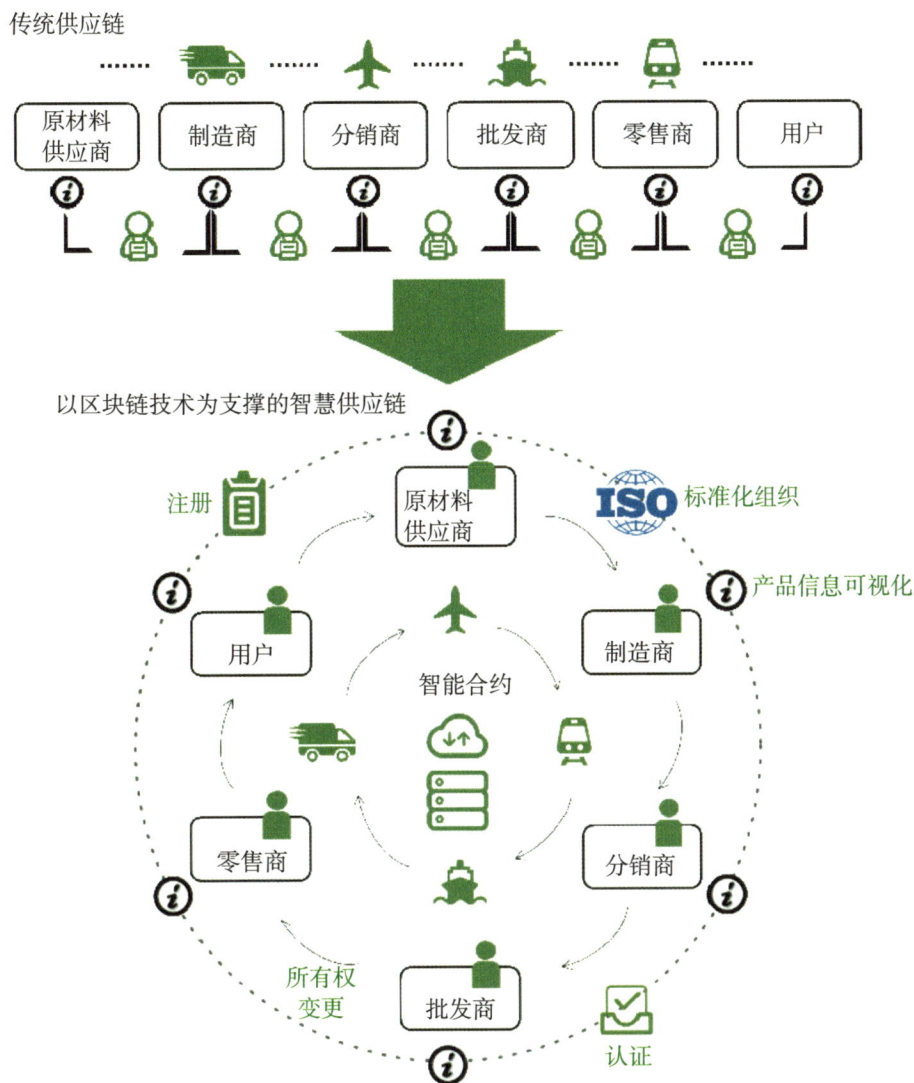

以区块链技术为支撑的智慧供应链

图2-1　传统供应链与智慧供应链结构对比

供应链价值网络，进一步推动供应链整体架构的变化。使供应链各主体改变在新市场和成熟市场中形成、增长、扩张的方式。交易不再是唯一的目标，创建知识共享型的网络更为重要，驱动更为复杂的专注于知识分享和协作的供应链网络，从而让供应链网络不仅完成交易而且带来增值。图2-2展示了供应链价值网络的进化。

由此可见，新一代信息技术的应用将从根本上改变供应链的架构，使供应链对市场需求的反应速度更快、各主体间联系更紧密、结构更复杂，是提升供应链整体效率的有效手段。

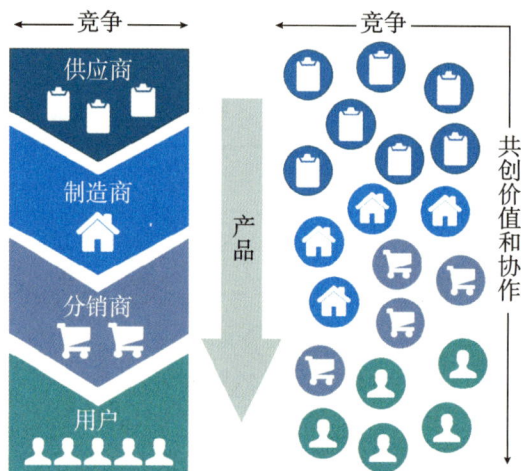

图 2-2 供应链价值网络的进化

2.2 技术变革中的企业运营

将新一代信息技术与企业日常运营相结合，通过技术手段解决现阶段企业运营中的质量管理、效率提升等问题，能够有效降低企业运营成本，大幅提升企业运营能力。企业运营能力是企业对包括内部条件及其发展潜力在内的经营战略与计划的决策能力，以及企业上下各种生产经营活动的管理能力的总和，其强弱常以企业经营成果衡量。企业运营能力是一个系统的概念，它包括企业自身的内外部条件及其发展在内的经营战略与计划的决策能力，以及企业各种活动的组织管理能力。生产制造企业通常采用缩短周期、提高库存周转率以及进行绩效管理三种手段提升运营能力，通过全面提升库存及资金周转率，降低运营成本，为企业创造更大的利润空间。

就缩短周期而言，对于订单生产型企业，如装备制造、造船、OEM 代工企业等，周期指从接到客户订单到产品出货所需时间，而对于备货生产型的企业，如日用消费品、服装、钢铁等企业，周期指根据市场预测生成生产计划到产品出货所需时间。周期的长短代表企业生产资源实现销售收入的快慢水平，周期越短说明资金周转率越高，资金成本越低，运营成本也相对较低。现阶段，如果企业周期绩效表现不佳，主要有计划体系混乱、非均衡连续的生产方式、质量不稳定、设备故障、供应商配套不完善等原因。

就降低库存而言，从运营的维度来看，库存并不是企业的资产，而是一种"浪费"。在企业生产经营活动中，库存占现金流的比重较高，对于高科技企业，一般占50%～70%，而对于普通企业，一般占 75%～90%。库存高低可用库存周转率指标来衡量，不同行业差异较大，根据对我国不同行业库存周转率的统计，IT、电子和家电行业平均为每年 6 次左右，装备制造业平均为每年 2 次左右，最快的是日用品，平均为每年 19 次左右。国外较为优秀的企业，如戴尔公司库存周转率为 50 次，库存期为 7 天，宝洁公司库存周转率为 60 次，库存期仅为 6 天。因此，在保证企业正常运营的前提下降低企业库存，是企业提升资金周转率、降低运营成本、提升运营能力的重要手段之一。

除从降低运营资金成本的角度采用缩短周期、降低库存的手段之外，企业还会选择通过管理架构及机制的改进，保证各项措施的有效执行，用绩效考评的方式评价员工的工作成果，并给予适当的激励，从人力资源管理的角度助力企业运营能力的提升。

能源企业在库存管理方面相比制造企业存在更大的难度，需要提前进行安全库存储备。但过高的库存不仅占用流动资金，还会引发物资老化贬值、淘汰等一系列问题，最终影响企业的整体效益。因此，保持合理库存是能源企业提高经济效益的重点。

但无论是生产制造企业还是能源企业，在提升运营能力的实际操作过程中仍会遇到诸多问题，如需求预测偏差过大、企业库存数据更新不及时、物资质量跟踪困难等，影响企业运营能力的进一步提升，而将现代信息技术与企业运营相结合，能够为以上问题提供相对完善的解决方案，从而大幅提升企业的运营能力。

以大数据为例，在埃森哲公司的一项调查中发现，公司通过大数据分析技术的应用对供应链整体运营能力的提升效果显著，能够有效缩短订单周期，同时能够更好地满足客户需求，降低库存（见图 2 - 3）。

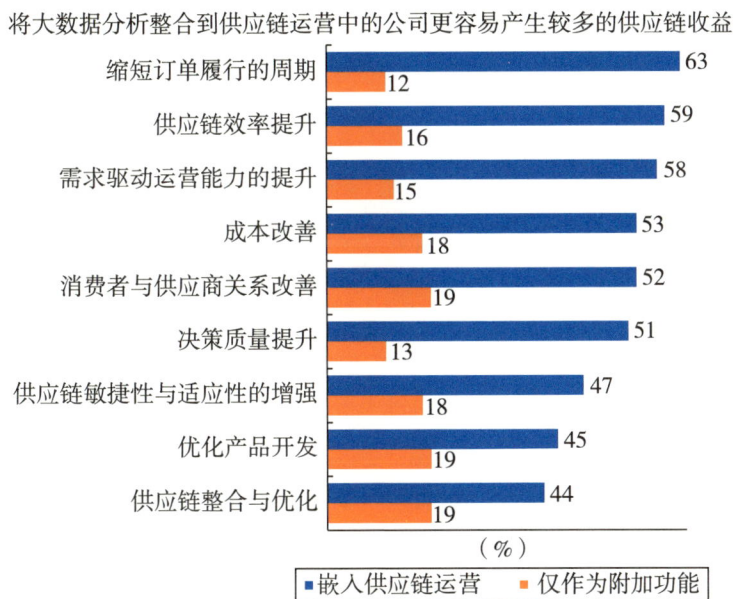

将大数据分析整合到供应链运营中的公司更容易产生较多的供应链收益

项目	嵌入供应链运营	仅作为附加功能
缩短订单履行的周期	63	12
供应链效率提升	59	16
需求驱动运营能力的提升	58	15
成本改善	53	18
消费者与供应商关系改善	52	19
决策质量提升	51	13
供应链敏捷性与适应性的增强	47	18
优化产品开发	45	19
供应链整合与优化	44	19

（%）

■ 嵌入供应链运营　　■ 仅作为附加功能

图 2 - 3　大数据分析技术的应用对供应链整体运营能力的提升

因此，技术变革中的企业运营能力提升，不仅需要企业从管理角度建立完善的运行机制，还需要善于将新技术应用于企业日常管理，提升管理质量、优化管理流程、降低运营成本，从而提升运营能力。

2.3 技术变革中的物资管理

新技术的发展与应用，将从多个维度解决物资管理中业务流程优化以及采购效率效能提升等问题。物资管理包括物资采购、供应商管理、仓储管理和物流管理等多个模块，因此物资管理需多方面协同发力，从而整体提升物资管理质量。现阶段，物资管理业务流程实施过程中仍存在诸多"重力问题"，如时效性提升、物资采购廉洁风险控制、产品质量追溯等，需要借助技术手段，根据各环节需求给出更好的解决方案，从而提升物资管理质量。

在提升物资采购时效性方面，需要借助云计算、大数据等技术，构建数据流动畅通的交易平台，从而缩短采购周期，提升采购效率。在供应商比选中，通过大数据技术进行数据采集与分析，构建供应商全息画像，对供应商多维信息进行准确评价，从而为采购决策提供参考，提高决策效率。

在物资采购廉洁风险控制方面，新技术应用将与物资采购的全流程相结合，根据业务需求创造出不同的应用场景，减少过程中的人为参与，从而降低采购过程中腐败发生的概率。应用区块链技术，建立供应商资质业绩可信档案，可以大幅缩减采购评审中供应商资质审核成本，提升审核准确性，降低供应商造假概率。

在产品质量的有效追溯方面，物联网、移动互联网等技术的应用将大幅提升供应链可视化程度，降低产品溯源成本，提升追溯效率。通过对故障产品的全流程追溯与大数据分析，能够高效进行故障原因诊断并将相关信息记录于系统中，通过对较为集中的问题进行着力解决与分析，有助于企业制订相应的解决方案，综合提升物资管理质量。

综上所述，技术的变革对于行业供应链架构、企业运营模式以及物资管理方式而言，都将是一次颠覆性的改变，然而，改变即是机遇，传统供应链中存在的"重力问题"都将随着新技术的发展与应用被逐个击破，为供应链整体绩效提升提供技术支撑。

在此背景下，作为供应链中重要的一环，企业若想从变革中获利，就要客观地判断趋势，从供应链的角度，对其发展战略进行重新审视，进行战略上的前瞻性布局，同时在保持自身优势的同时，注重对新技术应用的研发投入，借助技术的应用优化现有的管理问题解决方案，从供应链以及企业自身发展两方面出发，制定适合自身的管理模式，在复杂的环境中，抓住技术变革带来的机遇。

第 3 章

能源行业变革

经济全球化、数字化以及大数据等技术的不断发展，将为能源行业带来翻天覆地的变化。本章从能源结构转变、采购模式更新及能源智慧供应链发展三个方面来阐述能源行业的变革。

3.1 能源结构转变

当前，能源供给侧改革正在逐步推进，我国能源结构将会发生重大调整，从原来的以原煤为主转向多元化、清洁化，发展动力由传统能源加速向新能源转变，从而迎来新一轮经济增长。同时，我国积极与国际能源行业接轨，并取得了显著成效。能源净进口量实现了快速增长，能源品种逐步实现多元化，能源结构趋向可再生化，对保证能源的稳定供给、能源储备的扩充起到了积极作用，从而提升自身应对国际能源市场波动的能力。

从中共十八大首次提出"美丽中国"，到将生态文明纳入"五位一体"总体布局，再到"绿水青山就是金山银山"的理念走进联合国，绿色发展举措正在逐步落地生根。

据《中国应对气候变化的政策与行动 2019 年度报告》，中国能源结构正在逐步实现优化，经初步核算，2018 年非化石能源在能源消费中占比为 14.3%；截至 2018年年底，全国可再生能源发电装机达到 7.3 亿千瓦，同比增长 12%，占全部装机的38.3%，较上年提高 1.7 个百分点；全国可再生能源发电量达 1.9 万亿千瓦时，占全部发电量比重为 26.7%。以淘汰落后产能为例，2012—2015 年，国家在电力、炼铁、炼钢、煤炭等 16 个行业大力淘汰落后和过剩产能，有力地促成节能降耗不断取得新成效。由此看出，我国多种措施齐下，有效推动了能源结构的转变，从而推动绿色经济、绿色社会的发展，对保障人们的健康和福祉有重要意义。

随着我国经济发展进入新时代，能源发展进入新阶段，虽然清洁能源消费比重逐年上升，但传统能源结构性产能过剩问题也日益突出，实现能源改革任重道远。要实现经济高质量发展，能源企业需要进一步提高能源资源开发利用效率，有效控制能源消费总量，以绿色发展理念为引领，扎实推进能源生产和消费革命，大力提升能源消费水平实现能源清洁，从而遏制不合理能源消费，加快建设节能型社会，推动生态文明建设迈上新台阶。

能源结构向低碳能源、清洁能源的转变也为采购提供了新的发展机遇，推动企业逐步向绿色采购发展，同时，依托业务流程再造来打造专业化采购，实现价值链上业务及岗位的相互连接，形成综合信息服务平台，从而减少采购的冗余成本，帮助企业更好地实现采购目标、提升采购水平，确保企业经营战略目标的实现。

3.2 采购模式更新

采购工作在多数企业尤其是能源企业中起着关键性作用，加强采购管理不仅是推进供给侧结构性改革的必然要求，更是提升企业核心竞争力、有效应对激烈市场竞争的迫切要求。随着互联网技术的飞速发展，国家"互联网＋"行动的实施，能源企业普遍采用的传统的集中采购模式已经越来越难以保证企业发展战略及经营目标的实现，能源企业传统采购模式的信息化改造势在必行。

作为能源采购部门，在大数据时代，数据收集和整理是必不可少的，当数据越来越多时，人工收集与核算容易造成数据统计失误等问题，因此，智能化采购系统的一大特点就是构建了采购数据收集系统，它能够自动收集、统计、归纳及整理各项采购数据并提供统计报表，减少整个采购过程中的人为参与，提升数据采集的准确性、快速性、规范性。如通过提取采购订单基础数据，自动对一个周期内的采购数据进行汇总，以图表的形式展示采购品类、采购金额、供应商等相关数据，实现数据的可视化，为后续制定基于数据的采购决策提供可靠参考。同时，数据更新周期的不断缩短使管理层可以做到实时监控，实现采购流程透明化，降低因数据失真导致的供应链风险。

同时，采购部门的工作往往不是单一的，常常涉及生产、销售、商务、财务、仓库等多个部门，采购信息零散，因此，保障各个部门之间沟通无障碍就尤为关键。智能化采购能够实现跨部门合作、多部门沟通，同时能够将所有人员整合到一个平台上开展工作，实现在线沟通、对话等，实现信息自动流转、资源共享的采购，有效帮助企业解决传统的采购工作沟通效率低下的问题，让采购进度变得清晰可控，从而提升采购效率。

此外，为应对能源行业变革，企业在打造专业化采购管理的同时，通常都会进行流程再造。通过对企业的采购需求进行分析，重构业务流程，从而实施专业化采购。其基本思想是，以满足采购需求和促进采购效益最大化为中心，对既有的采购流程进行根本性的思考和彻底的再设计，运用先进的信息技术和现代化管理，尽可能实现技术上的功能集成和管理上的职能集成，对采购业务流程进行调研分析、诊断、再设计及重新构建，强调流程中每一个环节的活动尽可能实现增值最大化，最大限度地减少无效的或非增值的活动，使价值链上供、产、销各阶段以及采购全过程的业务程序和岗位相衔接。

同时，有信息技术支持的平台，采购就能够根据已有的共享信息（如销售预测等），进行定制化、专业化采购计划编制，同时利用企业外部的信息平台寻找最优供应资源，制定有效的采购策略，帮助控制采购成本，进一步提升采购效能。

3.3 能源智慧供应链发展

随着科技的发展，生产技术有了质的飞跃，物资不断丰富，买方市场逐步深化，能源行业的市场竞争日益加剧。新时代能源行业发展逐步转向高质量发展，行业变革的压力与信息技术的发展，为供应链管理模式带来了前所未有的发展机遇。企业在不断推动自身向专业化、规模化发展的同时，也更加注重能源供应链的建设，从而进一步促进了能源供应链的智慧化发展以及行业效率的提高。

能源行业变革的一大主题是供应链变革，即内部的供应链外部化。主要内容是分割企业内部原有的供应链体系，将企业内部部门之间的关系转变为企业与企业之间的上下游关系，使之成为一种较为松散的联盟关系。进而，企业与企业、供应链与供应链之间的竞争将会加剧，随着新的行业竞争者的加入，整个行业的专业化程度将变得更高。由于企业运营成本的优化，一些新的业务将会出现，整条行业供应链上的企业将会更加注重自身核心业务的发展，效率将会提升，并且更为专业化。

以电力能源行业为例，现今我国电力能源行业的发展空间、发展条件、发展任务和发展内涵正在发生深刻变革。电力能源行业呈现发电量过剩、供大于求、电价下降的现状，这就意味着电力能源行业也亟须采用新的手段或者新的模式来改变现有的产业链或者供应链运营效率，即进行电力能源行业的智慧供应链建设。

电力智慧供应链借助智慧化平台进行计算、思考、决策，通过数字化运营平台作出精准预测，并最终实现企业采购、经营以及仓储、运输等全自动化作业流程。当前电力供应链系统围绕"建成智慧供应链"目标，以"保障物资供应"为主线，以创新为驱动，通过供应链模式创新和技术创新，形成了"一馆、一库、三平台"，如图3-1所示。其中，"一馆"是数字档案馆，"一库"是智慧仓库，"三平台"是供应链监控平台、智慧供应链协同服务平台、物资供应保障平台。

图3-1 电力智慧供应链系统组成

放眼全球，电力行业相继放开管制，纵观国内，电力行业改革又不断深入，垂直一体化的供应链被分割为多个相对独立的环节。智慧供应链各环节间的整合也将不可避免地逐步外化，再加上供应链组合灵活性高，电力行业的企业为应对新的形势，开始对特殊价值链进行新的划分，开发出新的、独立于原有电力业务的服务，并且更加专业化，这些服务业务包括专为电力企业提供的信息服务、客户管理服务、交易管理服务、合同管理服务以及新的能源销售方式等。电力供应链智慧化转型将推动整条供应链的信息化、数字化、网络化、集成化、自动化、柔性化、敏捷化、可视化与智能化。

因此，充分应用"云大物移智"等现代信息技术，构建智慧采购业务链，实现采购精益规范、供应及时准确、设备安全可靠、管理优质高效，是能源企业进行物资管理的重中之重。在第四次工业革命浪潮的影响和国家对"互联网+"智慧能源发展的政策支持下，未来的能源行业将会更加智能化、分散化、多元化和透明化。在这种背景下，能源行业需把握新机遇，运用技术和资源优势，在构建能源物联网的基础上，以云计算、大数据、人工智能为技术支撑，搭建起集客户和未来多种能源及服务供应商于一体的互动平台，引领行业逐步形成开放、共享、共赢的能源供应链生态圈。2017年10月13日，《国务院办公厅关于积极推进供应链创新与应用的指导意见》发布，提出要构建一批适合我国国情的供应链发展新技术和新模式，基本形成覆盖我国重点产业的智慧供应链体系，就智慧供应链体系的建设予以支持与引导。而作为其中最为关键的环节，物资采购工作的优化仍需继续。结合智慧供应链的提出，企业要通过探索更加高效、高质量的物资采购模式，逐步与国际接轨，推进绿色采购，实现管理数字化、采购智能化、万物互联化、供应商社交化等，使企业获得更大的效益，促进企业构建科学、完善、高效、快速的采购管理运行体系，形成在复杂环境下生存与发展的竞争能力，整合各类资源和各类主体，建立更新、更优的物资采购模式。

第二篇

企业采购管理理论

第4章

物资采购管理理论

物资采购是企业降低供应链成本，保证日常生产运营活动的重要环节，物资采购模式往往与企业的生存发展模式相辅相成。伴随物资采购模式的不断革新，物资采购理论也逐步多样化，近年来，随着互联网在生产、生活中不断普及，企业在日常经营管理中，在现有采购方式的基础上又延伸出了电子采购、电商采购等新型采购模式，相应发展出了电子采购理论。对于物资采购管理理论的学习能够支撑企业在战略层对物资采购发展趋势进行预判，将理论与企业经营实际相结合，不断提升企业物资采购水平。

4.1 物资采购管理概述

4.1.1 物资采购相关概念

（1）物资的含义。

物资是物质资料的简称。企业在生产经营活动中，进行产品生产和制造时需要消耗各种材料，我们称这些被消耗的材料为物资。

（2）物资管理的含义与目的。

物资管理指对各种物料的购销、储运、使用等，进行的计划、组织和控制工作。传统的物资管理主要是指如何对物资进行分配和使用；而现代物资管理更加倾向于对物资进行系统化、全方位的管理，主要目的是合理利用资源，使资源配置得到进一步优化。物资管理的概念有广义与狭义之分，广义的物资管理概念是指对物资形成到物资消耗殆尽（物资失去使用价值）直至残余物资处理完毕这一过程的管理。

（3）物资采购的含义。

物资采购是指企业系统内各单位为满足实际业务需求，根据法律法规和相关规定，采用适当的采购方式、实施模式和组织形式，按照规定的业务流程组织实施采购的过程。企业的物资采购内容包含开展业务所需的物料及服务等的采购。企业物资采购中适用的采购实施模式主要有集中采购和分散采购两种。集中采购指企业将各级单位采购需求进行汇总，集中实施采购业务的模式，适用于大批量、价值高的物资采购。分散采购是指对集中采购目录以外的货物、工程和服务项目，由采购单位自行组织或委托集中采购机构、中介代理机构组织实施采购的模式。凡是集中采购目录以外且在采购限额标准以下的货物、工程和服务项目均属分散采购范围，适用于小批量、单件、价值低、总支出占经费较少、市场资源有保障的物资采购。

企业物资采购方式包括以公开和邀请方式进行的招标、竞争性谈判、询价采购以及单一来源采购。公开采购是指在采购信息发布媒介上发布采购公告，邀请不特定的供应商参加采购活动；邀请采购是指向特定的供应商发出书面通知，邀请其参加采购活动。招标采购是指在一定范围内公开货物、工程或服务采购的条件和要求，邀请众多投标人参加投标，并按照规定的评审条件和程序，从中选择中标供应商的一种采购方式；竞争性谈判是指采购人组建的谈判小组与响应采购的供应商依次分别进行一轮或多轮谈判，并对其提交的响应文件进行审查，根据审查结果确定中标供应商；询价采购是指采购人向三家或三家以上的供应商发出询价函，要求其进行响应和报价，采购人对响应文件进行比较，确定中标供应商、成交价格及其他技术和商务条件的一种采购方式；单一来源采购是指采购人就某一采购对象与单一供应商进行谈判，确定成交价格及其他技术和商务条件的一种采购方式。

框架协议采购、供应商短名单采购是采购的主要组织形式。框架协议采购适用于技术标准统一、采购频次高的采购项目，通过相应采购方式形成长期协议，约定包括采购单价（计价或调价机制）、协议有效期（一般不超过三年）、预估执行数量等内容，并以框架内执行订单（长协采购）或寄售方式实施。供应商短名单采购适用于通用性强、年度采购金额大、采购频次高、供应商数量较多、市场竞争充分且供应（服务）质量参差不齐的采购标的或其他重要采购标的，采用公开招标方式，通过集中资格预审形成具有一定有效期的合格注册供应商短名单，在该供应商短名单内，采用邀请招标、询价、竞价、竞争性谈判等方式实施采购。

在采购活动中，企业将考虑实际的采购规模、采购时限、采购需求等因素，组合选择适当的采购方式、组织形式和采购实施模式进行采购。

物资管理的目的就是对物资从最开始的采购环节一直到物资的分配和使用全过

程实施科学、有效的管理，进而降低企业的生产运行成本，加快现金流转，优化配置，增加企业的收益，从而提升企业业务处理效率，促进企业可持续发展。改革开放以来，我国的经济体制已由计划经济逐步发展成为市场主导型经济，物资管理在企业的发展中占据十分重要的地位，物资管理水平的高低将直接影响企业的发展方向和长远效益，因此越来越多的企业开始关注和研究物资管理，并取得了一定的成果。为迎接新的机遇和挑战，我国的国有企业也加快了全球化转型的进程，应用信息化手段进行物资管理，逐步形成全方位、一体化的高质量物资管理模式。

4.1.2　物资采购管理在企业中的角色

广义的物资采购是指企业在一定的条件下从供应市场中获取产品或服务作为企业资源，从而保障企业生产以及经营活动正常开展的一项经营活动。

（1）物资采购的供应地位。

物资采购是企业中物料供应的关键环节，是为企业提供生产物资的保障，一旦物资供应跟不上生产，将会导致企业生产经营停滞。因此，做好物资采购管理，可以保证企业生产物料的供给，减少库存，提高生产效率，从而保证企业的经济效益。

（2）物资采购的价值地位。

对于企业而言，物资采购成本占一个企业总成本的50%～90%，因此，想要控制好企业运营成本，就需要控制好物资成本，这就离不开对物资采购的全过程管理。物资采购部门如果能够在采购物资的时候注意价格的变化幅度，在物资价格最低之时进行采购，那么将在一定程度上降低生产成本，物资采购部门可以制订方案并采用一些技术，对市场价格的变化进行初步的了解，选择最合适的时机采购物资，从而降低企业运营成本，因此，物资采购的价值地位不容撼动。

（3）物资采购的质量地位。

物资采购作为设备质量把控的首要环节，在企业生产中的地位举足轻重。企业所采购物资的质量会直接影响企业生产产品的质量，对于电厂、煤矿等能源企业而言，高质量的物资是安全生产的前提条件，因而企业对物资的安全性要求更加严苛，采购部门在进行采购决策时往往需要综合考量多方面因素，再实施采购。

综上所述，企业持续发展的立足点在于完善的经营和高质量的产品，而产品的生产离不开原料采购。进行高效的物资采购管理不仅可以保证企业产品质量，提升运营效率，同时可以有效降低企业运营成本，从而提高企业利润，有助于企业长远发展。因此，对于企业而言，成立采购部门进行专业化物资采购管理，是促进企业发展的重要方式。

4.2 物资采购方式发展历程

本节对目前主流的物资采购发展历程进行介绍，对传统采购、电子采购以及网上商城采购方式的基本内容进行梳理。

4.2.1 传统采购

传统采购以人工操作为主，整个采购流程对人力及物力的要求较高，在进行采购时更倾向于凭经验采购，同时由于相关业务系统并未实际应用，计划上报、物资报价、入库验收等环节需要通过人工审核，采购周期较长，采购成本较高。传统采购按照实施模式可以划分为传统分散采购和传统集中采购两种。

传统分散采购中，企业的物资采购工作往往以保供为主，各级单位，如子分公司、基层企业根据授权自主实施满足自身生产经营需要的采购。采购工作可以由企业自行组织实施采购，也可以委托其他具有采购代理资格的中介机构代理采购。但往往存在需求分散、资源不共享导致的重复采购、重复储备问题，以及不能形成采购规模导致采购成本增加问题，还有采购操作过程不规范、人为干扰多等问题。

随着业务的发展，为弥补分散采购的弊端，在传统分散采购的基础上，企业开始对各下属公司的采购需求进行整合，实施集中采购。集中采购一方面可以降低采购成本，另一方面从权限集中角度，有利于推进采购合规化进程。一般在总部设立采购管理部门，发挥整体采购优势，对直属企业生产建设所需物资，组织实施集中统一的对外采购。主要包括总部直接集中采购、总部组织集中采购和总部授权集中采购等方式。通过建立集中采购目录清单，对各个子公司、基层企业提出的采购申请实施集中管理。部分先进企业还通过完善配送网络布局、优化资源配置，以区域为单位实行物资集中调度，统一配送供应。通过发挥规模效益，企业可以获得更有优势的采购价格，但也存在采购流程过长，一些紧缺型物料难以采用集中采购的问题。

在传统采购管理中，由于各采购环节以人工操作为主，采购质量的优劣很大程度上取决于人，人员的岗位变动对业务的影响较大。同时，由于大部分的采购操作和与供应商的谈判是通过电话或现场会议的形式来完成的，文字记录规范性不足，采购信息和供应商信息基本上由每个业务人员自己掌握，采购过程中采购各方信息共享程度低，业务可追溯性差，采购风险较高。

4.2.2　电子采购

电子采购（e-procurement）是 B2B 电子商务的一种应用模式，是企业之间依托于互联网的一种采购交易模式，企业与供应商通过网络连接交换信息，通过市场配置完成交易。电子采购的内容包括网上招标/询比价、网上投标/报价、网上谈判、网上下单、网上付款等。电子采购不仅包括企业之间的采购行为，还包括电子采购系统在企业中的使用。

与传统采购相比，电子采购具有明显的优势，主要体现在以下几个方面。

（1）突破了时间和空间的限制。电子采购可以在任何地点进行，不受时间和空间的限制，将外部条件的限制降到最低。

（2）降低了采购成本。传统的采购成本包括通信费、差旅费、会议费等，而电子采购可以省去这些额外的费用，大大降低采购成本。

（3）缩短了采购周期。电子采购可以在互联网上进行招标、开标、评标，缩短各环节的业务处理时间，从而缩短整体采购周期。

（4）降低了企业库存。制造企业组织电子采购，可以将采购与订货、送货、配送与生产需求紧密联系起来，实现无缝衔接，降低库存成本，提高资源利用效率，促进企业精益化发展。

（5）与供应商形成长期合作。电子采购可以优化企业内外部资源的配置，包括与上游企业、物流企业建立合作关系。借助电子商务平台，可以有效促进合作关系的健康稳定发展。

4.2.3　网上商城采购

采购方式的逐步演进和互联网的快速发展，对企业的采购管理提出了更高的要求。各大能源企业开始建立网上商城（电子商城）模式，保证集团的物资供应。大型企业的电子商城是一种 B2B 采购方式，又称 E 超市或网上商城。一般情况下，集团自建电子商城门户网站，通过竞价或竞争性谈判的方式引入多家外部合作电商。外部合作电商的商品信息在集团电子商城中展示。集团内部企业在网上比价，下单采购商品。各合作电商负责配送和售后服务。与传统采购模式相比，电子商城采购具有不可比拟的优势。

（1）快速实现采购诉求。

通过网上商城可实现多品类商品集中展示，采购人在商城下单时，需要什么、需要多少，供应商、产品价格等信息一目了然，相比传统的招标、询价等采购方式，大大缩短了采购周期，实现了快速成交和成本节约。

（2）质量保证及售后。

网上商城的合格供应商都要经过严格考察，一般选择源头厂商或者知名品牌供应商，能够为商城用户提供优质的产品质量保证，且具备较强的售后服务能力。

（3）供应链信息实时共享。

通过网上商城，供应商可以及时掌握订单、验收、付款等信息，采购人可以有效跟踪和掌握采购进度，实现供应链信息流、物流、资金流、商流的"四流合一"。

（4）电子档案记录完整。

采购过程中的所有业务数据、单据和电子文档都可保存到数字档案馆，方便查询和追溯的同时，可形成完整的采购经验数据库，方便经验积累、沉淀和应用。

（5）强大的数据分析功能。

通过多种数据图表分析功能，按商品类型、采购用户、商品价格、供应商评价等不同维度，实现层层渗透分析和多维度统计分析，用数据驱动采购工作更精准、高效。

综上所述，经过数十年的发展，我国物资采购经历了一个由传统采购到电子采购再到网上商城采购的过程。同时，国内外众多企业实施电子采购的成功经验证明，在降低成本、提高经营效率方面，电子采购比传统采购更有优势。电子采购的投资回报率远远高于过去十年主导企业的任何一场商业革命，包括业务流程再造、战略采购等。随着时代发展以及物资采购分析技术的进步，物资采购方式也同样需要与时俱进，下一节将在本节的基础上，对物资采购管理模式的发展历程进行分析。

4.3 物资采购管理模式发展历程

随着生产方式的大规模机械化、数字化，采购需求变得多样化，促使采购模式向柔性化、敏捷化方向发展。企业采购管理的核心，就是要做好供应商的管理和开发。因此采购模式的发展，也是企业与供应商的关系逐步强化和完善的过程，可以归纳为以下四个阶段。

4.3.1　交易管理

交易管理（Transaction Management）是初级的采购管理，企业与供应商之间的关系很简单，供应商充当着卖方的角色。其特点是容易围绕采购订单与供应商讨价还价，只关注价格、付款条件和具体交货期等一般商务条件，被动执行采购和技术标准，其核心思想是订单管理。

采购人首先要组织对供应商进行认证。通过资质业绩审查、产品认证、试生产、供货跟踪等方式，采购人在供应商数据库中确定可以供应产品的供应商。其次，在一定时间内，通过询价或竞标的方式，获得供应商的报价，选择最低的一家作为中标人，进行后续的合同工作。采购过程时间长，重复性强。一般适用于低价值、普通物品的采购。在此阶段，企业应重视合同的履行和对供应商的按时付款，以取得与供应商的最佳合作状态。

在新兴技术和产品快速更新换代的情况下，这种模式不适合价格变化过快的产品，往往会给企业造成经济损失。

4.3.2　竞争管理

竞争管理（Competition Management）是中级的采购管理，其核心思想为以团队运作为主的区域集中采购，企业与供应商之间为传统的竞争合作关系。随着大量订单经验的总结和管理技能的提高，管理者逐步意识到供应商管理的重要性和集中采购的必要性。在竞争管理阶段，企业通常会尝试围绕一定时期的采购合同与供应商建立长期合作关系，并加强对供应商综合业绩效的衡量，如订单采购周期、交货期、经济批量、最小订单量、订单完成率等，重视供应商的成本分析。

这一阶段的采购以集中采购为主要方式，由各个采购团队负责特定领域内的物料采购，寻找合适的供应商，达到节约成本的目标，确保材料的充足供应。主要有三种做法：一是引入竞争机制发挥批量采购优势。二是精简供应商数量，本着公平、公正、公开的原则，促进供应商良性竞争。三是建立和完善采购决策、采购审批等程序，并指定专门部门对采购计划和采购全过程进行审核和监督，以更好地规范采购行为，降低采购成本。现阶段，企业应重视集中采购，以达到节约采购成本的目的。

在世界经济网络化、全球化的背景下，这种模式下需要探讨的问题是在增加供应商数量的同时管理好供应商，在降低供应商价格的同时保持与供应商的良好关系，在降低物资采购成本的同时保持产品的优良品质，在统一供应商标准的同时保证采购的灵活性。

4.3.3 供应链管理

供应链管理（Supply Chain Management）是一种中高层的采购管理。企业与供应商是合作关系，供应商作为企业合作伙伴。其特点是，企业与供应商建立合作伙伴关系；双方更加注重整个供应链的成本和效率管理；双方共同开发产品及关注其对用户的影响；寻求新技术、新材料的替代；采购方式更加复杂，应用更加广泛。其核心理念是与供应商建立合作，让供应商参与采购需求的早期分析和开发。

但随着全球采购的深入，供需关系已悄然发生变化。一些超级供应商掌握着企业的关键生产原料。面对市场关系的转变，如何巩固供应链关系，发挥合作优势、让供应商为公司的业务作出更大的贡献，是这一阶段亟须探讨的难题。

4.3.4 战略采购

战略采购（Strategic Procurement）是高级采购管理，在这个阶段，企业与供应商之间存在着战略联盟，供应商扮演着联盟的角色。战略采购包括四个部分：一是供应商评价和选择；二是供应商发展；三是买卖双方战略关系的建立；四是采购整合。其核心思想是通过与供应商的合作，提升企业的核心竞争力，提高供应链管理能力。

战略采购的具体形式是以"战略联盟伙伴"的身份，在企业与供应商之间建立起相对长期稳定的供需关系，而不是每次采购都实施招标程序，从而降低双方乃至整个供应链的运营成本，实现"双赢"的目标。战略采购阶段是竞争管理阶段的深化，是更高层次的、企业间的供应链关系，是双方"共赢"的采购模式。

第 5 章

供应商管理理论

供应商管理是物资管理的重要组成部分，建立起一个可靠的供应商队伍能够为企业生产提供稳定的物资供应，降低物资采购风险。在当前市场产品同质化严重的前提下，企业除了关注品牌、技术含量外，更加依赖那些为企业提供更高价值的合作供应商。因此，企业应当把供应商管理当作获得竞争优势的一种新手段，即竞争优势来源于整个企业联盟通过整合供应链上的所有资源所形成的竞争力。

5.1 供应商管理概念

供应商是指能够为企业生产提供原材料、设备、工具、服务等资源的企业，包括生产型企业和流通型企业。一个企业要想维持正常的生产，就必须有一批可靠、稳定的供应商为企业提供各种物资。供应商管理是对供应商的了解、选择、开发、使用和控制等综合管理的总称。其中，了解是基础，选择、开发和控制是手段，使用是目的。供应商管理的目的是建立一支稳定可靠的供应商队伍，为企业生产提供可靠的物资供应保障。

供应商与企业是独立的利益个体，它们之间不仅有合作，还有利益冲突。为了维护企业与供应商之间的良好关系，企业需要在自身利益和供应商利益之间找到一个平衡点，保证供应商的信任与合作。这就需要企业意识到自己与供应商之间的客观问题，并找到相应的解决方法来平衡利益冲突。

5.2 供应商管理的主要内容

通常，企业的供应商管理可分为供应商选择、供应商考核以及供应商关系管理三个部分。

（1）供应商选择。

企业对供应商进行调查，收集信息，对供应商的生产或服务能力、产品质量、交货能力等条件进行综合分析和研究，从而确定是否与供应商合作以及如何合作。

企业在选择最终的合作供应商之前，需要对供应商进行评估，根据评估结果做出正确的判断。一般来说，企业会从价格、产品质量、交货期、服务水平和综合管理水平等方面对供应商进行评价，以确定供应商是否能满足企业的最低需求。根据不同的要求，企业选择供应商的标准可能存在差异，但通常遵循表5-1所示的四个原则。

表5-1　　　　　　　　　　　　　　供应商选择原则

供应商选择原则	内容
目标定位原则	事先设定目标
优势互补原则	供应商在某一方面比企业有更强的实力，双方可以通过合作实现优势互补，增强整体竞争力
择优选择原则	在相同报价与交货条件下，企业倾向于选择品牌好、为著名企业提供产品和服务的供应商
共同发展原则	企业倾向于选择能全力配合企业发展的供应商，建立稳固的合作关系

（2）供应商考核。

为了控制供应风险，企业需要定期对供应商的日常行为进行监控和评估，以保证企业能够获得符合质量标准和数量要求的产品或服务，淘汰不合格的供应商，并不断开发潜在的供应商，从而保持和巩固与供应商长期稳定的合作关系。

通常，企业会根据财务指标、供货精度等方面全面客观地衡量供应商的供货能力，便于企业提前发现不合格的供应商或潜在的供应商，保证供应商在产品质量、交货期等方面能够满足企业的需求，使整个供应链顺利运行，实现供应链管理的优化。供应商评估是企业与供应商保持长期合作的重要依据，也是衡量供应商管理水平的重要参数。但由于企业需求的差异，不同企业对供应商的评估侧重点不同。

（3）供应商关系管理。

在过去的几十年里，为了获得竞争优势，企业不断建立组织网络，加强与相关企业的联盟。企业越来越依赖供应商来降低现金流、库存和物流成本，随着产品定制化、规模小型化和外部供应的发展，这种依赖性将逐步增强。基于这一因素，加强供应商管理对提高企业的核心竞争力尤为重要。但供应商与企业之间存在着各种利益冲突，企业要思考如何协调好与供应商的关系，实现双赢的目标。企业与供应商之间在成本管理、库存管理、采购价格、供货安全性、售后服务等方面存在利益对立，具体的利益冲突如表 5-2 所示。

表 5-2　　　　　　　　　　　　企业与供应商利益冲突

企业	供应商
降低成本	获得更高利润
降低库存水平	提高库存周转率
获得价格折扣	提高销售收入
严格而准确的供货周期	灵活的供货周期
严格的质量标准区间	宽松的质量标准区间
免费的附加服务	对附加服务收费
用完采购品后付款	预付或货到付款

为了协调企业与供应商之间的利益冲突，改善企业与供应商之间的关系，供应商关系管理在企业发展中发挥着不可替代的作用。供应商关系管理主要研究如何与供应商建立长期稳定的合作关系，通过双方资源的互补，达到快速响应市场要求、扩大市场份额、降低产品成本、提高产品质量的目的，实现双赢。随着市场竞争的日益激烈，产品个性使得企业与供应商之间的关系越来越复杂，但我们仍然可以通过满意度来评价他们之间的关系。供应商—企业满意度模型反映了企业与供应商沿着图中被认为是"公平、稳定"的对角线移动，A 区是双方满意度高的区域，稳定性最高，如图 5-1 所示。双方的长期关系和合作关系都是在此基础上建立起来的；B 区域是企业满意而供应商不满意的区域，极不稳定。因为供应商可能会由于不满意改变行为，从而改变企业的满意度，恶化双方的关系，这个区域是解决问题的关键区域；D 区域是 B 区域的映射区域，双方的关系也是不稳定的，一方的消极或积极行为会从根本上改变合作关系。C 区域中，双方的满意度都处于较低的水平，供应商与企业之间的关系也不好，在这种情况下，双方都会改变自己的策略，以达到止损的目的，保证合作的继续，或者结束合作关系。因此，为了保证双方的满意度能够沿着"公平、稳定"的斜线移动到 A 区域，要求双方充分信任和尊重对方，共担责任和风险，共享信息。但是，任何偏离斜线的行为都会增加双方合作的难度。

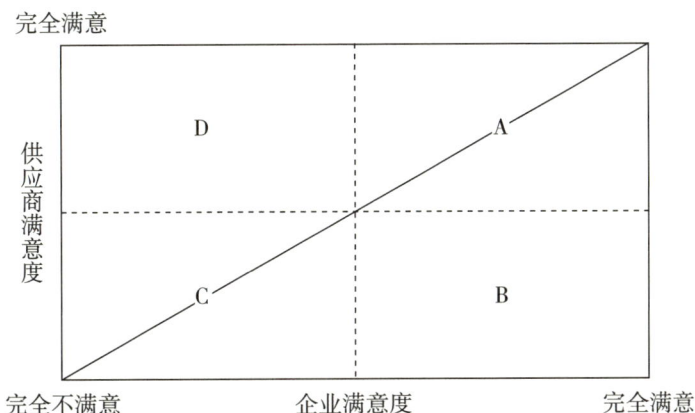

图 5 - 1　供应商—企业满意度模型

随着企业越来越依赖供应商来获得竞争优势，很多企业根据自身的发展需要，投入了大量的人力和财力，与不同的供应商建立了不同的合作关系，并加强管理和维护。

5.3　供应商管理理论与应用

供应商管理理论奠定了供应商关系管理的基础，从不同的角度阐述了供应商关系的形成。供应商关系管理（SRM）是一种致力于与供应商建立和保持长期密切的伙伴关系的管理思想。它也是一种旨在改善企业与供应商之间关系的新型管理模式。本节总结了供应商管理的常见理论。

5.3.1　四分理论

四分理论是在对供应商的分类管理中，根据合格供应商所存在的风险、不确定性以及供应商给企业带来的价值，对供应商进行分类管理。四分法经典理论将企业与供应商之间的关系分为一般型、瓶颈型、战略型、杠杆型四种。四分理论下的供应商类型如图 5 - 2 所示。

一般型：在该象限里，企业所需商品的价值较低，拥有成熟统一的技术标准和质量要求，采购风险较小，因此采购此类商品只需要很低的成本就可以从一家供应商切换到另一家供应商。成本是企业采购此商品主要考虑的因素。在一般型象限里，采购的重心是寻找到能够供应合格商品的供应商，对于这一类的供应商实施的策略往往是充分引入竞争，精简采购流程。如国家能源集团通过电商采购模式，实现一

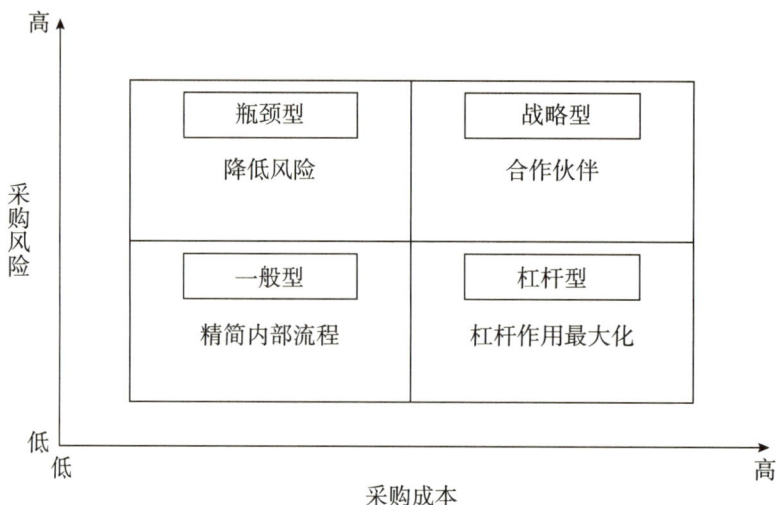

图 5-2　四分理论下的供应商类型

般型物资的高效采购。

瓶颈型：在该象限中，商品价值虽然不高，但已被少数供应商垄断，采购风险较大。因此，该类物资除了保障安全库存外，还要挖掘潜在供应商和可替代产品，与供应商签订框架协议等。

战略型：这一象限中，商品采购量大，增值能力强，同时采购风险也较大。对于此类产品，需要在采购量与采购价格间进行权衡。这一类商品往往采用合作和联盟的方式来巩固和强化货源渠道。对此类商品的供应商管理应注重与其战略合作关系的构建。

杠杆型：在这一象限里，大量有能力的供应商能够提供企业所需的商品，商品采购的资金量较大，应以实现采购成本最低、性价比最优的原则，控制库存量，降低采购成本。适合采用相对稳定的供应商短名单等采购方式。

一般来讲，位于战略型和杠杆型象限中的商品或服务可能给采购提供最佳的绩效和改善业绩的机会，因为其采购金额占比大。企业若想改进与供应商的合作关系，建议在选择供应商时主要考虑产品价格、产品质量、交货期、批量柔性，以及供应商供货距离、信誉、售后服务、社会责任和义务等。

5.3.2　交易成本理论

交易成本理论由罗纳德·哈里·科斯（Ronald H. Coase）在 1937 年发表的《企业的性质》中提出。科斯认为，企业在了解价格分布、寻找交易对象、洽谈交易、签订合同、执行交易、监督交易等方面都需要费用与支出，这就是交易成本。

交易成本的高低关系到不同时期治理结构或者制度的安排。当企业规模扩大到一定程度以后，继续内化市场交易新增的成本即边际组织费用会不断增加，当边际交易费用等于边际组织费用时，企业就会停止扩大边界。

按照科斯的理论，随着信息技术的发展，交易费用会递减，但是企业扩张越快，企业委托代理成本、信息传递成本、影响力成本、协调费用等组织费用就会递增，即管理成本以递增的形式上升。边际交易费用等于边际组织费用的等式要求边际组织费用减少，这促使企业不得不缩小规模。这可以用来解释为什么企业逐步转变过去的"纵向一体化"趋势，开始提倡核心竞争力，将非核心业务外包。这一趋势对企业的供应商关系管理水平提出了更高的要求。

威廉姆森对"交易费用"进行了更深入的研究，他将"交易成本"生动地比喻为物理学中的摩擦力。威廉姆森认为，影响交易类型和交易成本的有三个维度：交易频率、不确定性和资产特殊性。首先是第一个维度，交易频率，指的是区域经济在一定时期内的交易活动。其次是第二个维度，不确定性，指企业在进行交易时存在的不确定性。最后是资产特殊性，即不同的交易具有不同的属性，威廉姆森将其定义为决定企业规模边界的最重要变量。资产的特殊性有三种：资产本身的特殊性、资产选址的特殊性和人力资本的特殊性。资产的特殊性越高，资产价值越大，拥有特殊性资产的厂商对交易伙伴的依赖性越大。因此，通过企业之间的合并，把原有的市场交易转变为企业内部的资源配置过程，即所谓"内在化"，能够达到降低费用的目的。

5.3.3 QCDS 评价理论

QCDS 最初由丰田公司提出，是为衡量其供应商的供应水平而建立的评价方法，即 Q（质量 Quality）、C（成本 Cost）、D（交付 Delivery）、S（安全 Safety）并重的要求。在这四者中，质量因素是最重要的。采购人员应首先确认供应商是否建立了稳定有效的质量保证体系，其次确认供应商是否具备生产所需特定产品的设备和工艺能力，最后是成本和价格。买方应运用价值工程的方法对所涉及产品的成本进行分析，通过双赢的价格谈判达到节约成本的目的。在交付方面，买方应确定供应商生产能力是否足够，人力资源是否充足，并且是否有扩大生产能力的潜力。最后一点需要分析供应商的售前、售后服务记录，确保产品的安全可靠。

作为全面质量管理的成功实践，QCDS 能够使企业在供应商管理中建立一套科学严密的评价体系。在实际应用中，企业可以将 QCDS 与管理目标相结合，进行供应商绩效评价指标设计，形成基于 QCDS 的供应商绩效指标库，如表 5 - 3 所示。从各部门的角度进行优化，保证工作输出质量，控制成本，缩短业务各环节运行周期，提升上下游客户满意度，进而整体提升供应链绩效。

表 5 - 3 基于 QCDS 的供应商绩效指标库

项目	指标
Q（质量）	产品批次合格率、产品抽检缺陷率等指标
C（成本）	平均价格比率、最低价格比率等指标
D（交付）	准时交货率、历史交货周期、订单变化接受率等指标
S（安全）	供货安全、售后服务等指标

在实际应用中，许多制造业企业将 QCDS 与自身实际经营状况相结合，进行了理论创新。以宝马公司为例，其供应商预选工作主要分为两部分：合格供应商的挑选和对符合战略要求的潜在供应商进行开发，其供应商选择原则在 QCDS 的基础上增加了 T（技术），从而构成 QTCDS。每个公司对每个指标的重视程度不一样，宝马公司更重视的是质量以及零件的科技含量，因此其选择供应商的原则排列顺序为（QTCDS）：质量、技术、成本、交付和安全。也就是说，宝马公司的供应商选择永远将质量原则放在第一位。宝马公司的战略是对于同一个零件，一直沿用该供应商几十年，以保证质量达到完美。而正是因为对质量以及技术的关注度，以及宝马（中国）和宝马（德国）的继承策略，宝马（中国）在早期提供给华晨宝马的供应商基本都是宝马（德国）当时的供应商，以确保其所供应的零部件质量以及技术领先。

【案例】华为的供应商分类管理[①]

华为是一家提供信息和通信技术解决方案的全球性企业。1987 年由任正非在深圳创立。经过 30 多年的发展，华为已经成为全球领先的电信网络解决方案提供商。

---

① CIPS（英国皇家采购与供应学会），原文《华为的采购与供应商管理之道》，载于搜狐网，本节引用时做了删节和补充。

华为致力于为电信运营商、企业和消费者提供具有竞争力的 ICT（信息通信技术）解决方案和服务，不断提升客户体验，为客户创造最大价值。目前华为约有 19.4 万名员工，业务遍及 170 多个国家和地区，服务 30 多亿人口。

华为将采购环节视为保障产品质量及降低企业运营成本的重要部分，根据自身业务的实际需求，构建起包含策略中心、生产采购、行政采购及工程采购在内的采购管理委员会进行采购管理。华为采购管理委员会结构及职责如图5-3所示。

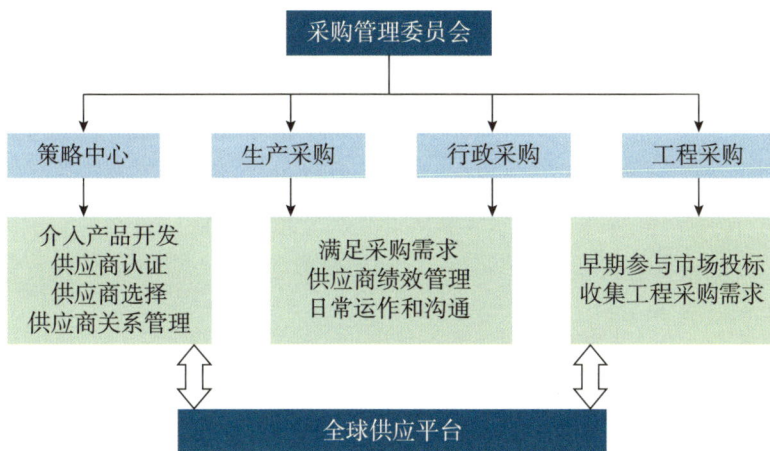

图 5-3　华为采购管理委员会结构及职责

有序高效的供应商管理是华为采购管理的重要内容。在进行供应商管理时，华为结合四分理论，根据采购价值与采购风险划分出物资类型（见图5-4），并根据物资类型将供应商分级，同时，对应每一类型物资制定出适用于企业自身业务需求的供应商管理策略。

图 5-4　华为物资类型

为了获得最佳的投入产出比，建立华为的比较竞争优势，公司对供应商采取分级管理策略。先通过分析供应商在华为供应链中的地位，确定供应商的层次，然后针对不同层次的供应商采取不同的管理方法。目前，根据供应商的采购金额、供应商对华为产品竞争力的影响、华为对供应商的依赖性和采购风险，将供应商分为战略供应商、重要供应商、一般供应商和瓶颈供应商四个层次，如图5-5所示。

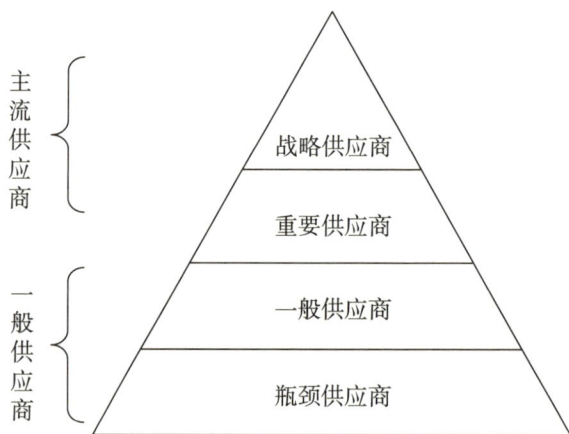

图5-5　华为供应商分级

（1）战略供应商：行业领先的供应商。这样的供应商在质量、技术、交付等方面都有突出表现。他们拥有华为所需要的独特或先进的技术，与华为有大量的合作，对华为自主研发产品的竞争力有很大影响。因此，华为对这类供应商的依赖程度很高，相应的采购风险也很大。

（2）重要供应商：在质量、技术、交付等方面有良好的表现，与华为有大量的合作，这类供应商在行业内有充分的竞争。与重要供应商的合作对华为的发展非常重要。要与这类供应商建立长期的互信合作关系，提高交付效率和制造灵活性，建立各个层面的定期沟通和交流机制，扩大其他领域的合作。同时，要优化供应商资源库，促进竞争。

（3）一般供应商：符合华为基本要求和期望的供应商，可以作为重要供应商的后备。一般供应商未来在华为的地位取决于其自身的改进和发展。对于一般供应商，华为只进行有限的信息共享和合作，以及提出有针对性的供应商发展和改进计划。

（4）瓶颈供应商：评价分数低，与华为合作量小的供应商。由于某些原因，企业不得不选择这类供应商，如客户指定、独家授权等。一旦这种原因不存在，瓶颈供应商就成为被淘汰供应商的候选者。因此，对于瓶颈供应商，只能进行短期或单一项目的合作。

华为对不同的供应商采取不同的管理策略，如图5-6所示。

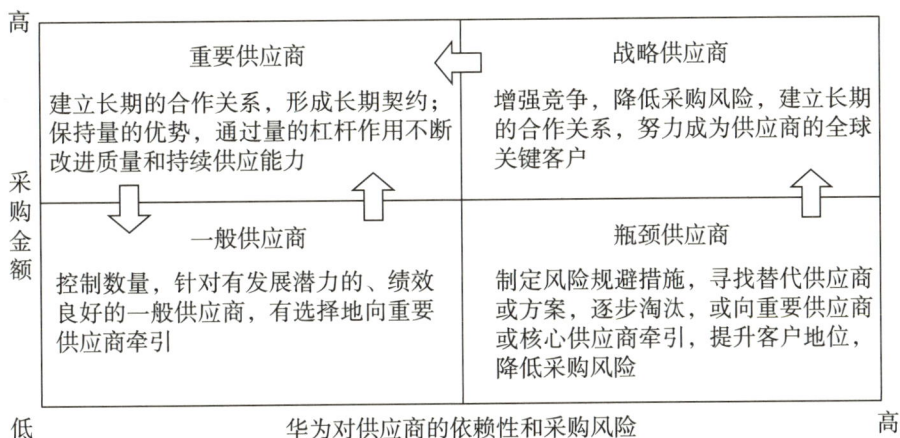

图5-6 华为供应商分类管理策略

在完成供应商分类以及管理策略制定后，华为在供应商评价阶段结合实际业务需求，对QCDS理论进行了改进，将技术、响应与环保/社会责任三方面加入评价体系，即综合考虑T（技术）、Q（质量）、R（响应）、D（交付）、C（成本）、E（环保/社会责任）和S（安全）七大要素，构建起华为供应商评价与选择指标体系，如表5-4所示。

表5-4 华为供应商评价与选择指标体系

序号	评价指标	序号	评价指标
1	T（技术）	2-4	持续改进能力
1-1	开发设计能力	3	R（响应）
1-2	新技术应用能力	3-1	供应柔性和货期
1-3	需求分析能力	3-2	订单交付准确性
1-4	失效分析能力	3-3	供应风险预警能力
2	Q（质量）	3-4	需求变更响应
2-1	质量管理体系	4	D（交付）
2-2	产品可溯性	4-1	生产能力
2-3	管理供应商的能力	4-2	到货及时率和准确率

序号	评价指标	序号	评价指标
4–3	供应链管理	6–1	环保体系
5	C（成本）	6–2	符合 RoHS 要求
5–1	价格竞争力	6–3	员工管理
5–2	目标成本达成情况	7	S（安全）
5–3	价格变动情况	7–1	信息安全体系
6	E（环保/社会责任）	7–2	技术人员管理

华为在进行供应商管理时综合考量了供应形势分析、潜在供应商寻源、供应商的评价与选择、供应商认证、询价与报价、合同订立、供应商绩效管理、组合管理和协同发展等内容，同时将相关管理理论应用于各环节，最终实现了公司采购工作的端到端闭环管理，为华为有效降低采购风险、提升采购绩效提供了有力支撑。

第6章

供应链管理理论

随着社会经济的发展，企业之间的市场竞争越来越激烈，因此大多数企业将发展的重点转向内部管理，即由传统的经济管理模式转向供应链管理模式。供应链管理的目的是为企业建立一个稳定可靠的物资供应环境，在保证稳定供应的前提下提高供应效率。与传统的管理模式相比，供应链管理实现了企业的一体化管理。

6.1 供应链管理概述

供应链管理本质上就是对供应链中的物流、资金流以及信息流的管理。其本身是个非常宽泛的概念，出现在 20 世纪 80 年代，有着深厚的内涵和外延，供应链的定义随着时代的发展不断与时俱进，使得理论体系更加丰富。本节对供应链及供应链管理的定义进行概述。

供应链的概念最早由管理学大师彼得·德鲁克从经济学研究中的经济链概念延伸出来，随着时间的推移，理论成果愈加丰富。另一位管理学大师迈克尔·波特不断深化供应链理论，衍生出价值链理论。往后此理论不断发展，最终演化成完善、科学的供应链理论。《中华人民共和国国家标准：物流术语（GB/T 18354—2006）》中提出了一个清晰且明确的供应链定义：供应链是生产及流通过程中，涉及将产品或服务提供给最终用户所形成的网链结构。

马士华教授在其著作《供应链管理》一书中提出，供应链是围绕核心企业，通过协调和控制等方法，将供应商、制造商、经销商（零售商）、终端消费者连成一个整体的功能网链结构模式，这不仅是一条能够连接供应商到客户的物料链条，而且是信息链和资金链，更是价值链，物料在供应链体系中因为经过加工、包装、运输、销售等过程而增值，最终使得供应链上的企业获利。清华大学蓝伯雄教授认为，供应链就是以原材料供应商、生产商、分销商、运输商等为核心节点的一系列企业构成的价值增值链，原材料通过链条上的各个节点，经过一系列的工序，形成最终产品，在这过程中，产品随着组合加工而得到增值，使得最终到达用户的是一件最大价值的产品，这一生产和服务轨迹形成了一个完整的供应链。

综上所论，可以看出供应链是以整个运行系统中的中间企业为核心，通过对其产品流、物流、信息流、资金流等方面的控制，从原材料的采购过程，到中间产品的制造，形成最终的产品，并通过分销、直销等销售过程将最终的产品送达客户手中，是将原料供应商、核心制造商、经销商、客户连成一个整体的网链关系结构。供应链从状态来看，可以分为静态和动态两种形态，静态供应链即将原料供应商、产品制造商、经销商（零售商）、终端客户等组成一种网络状关系结构；动态供应链是指资金流、信息流、物流等资源流动的运动过程。

6.2 供应链管理内容

（1）供应链管理基本内容。

供应链管理的内容主要包括计划、采购、制造、配送和售后五个方面。供应链管理流程如图 6-1 所示，下面对其进行详细介绍。

①计划，是工作开展的基础环节，需要结合公司现状、市场需求和发展预测，最大限度地减少资源浪费，减少库存积压造成的资金积压。同时，合理的目标是供应链管理的基础和效果评价标准，需要进行最大限度的优化。

②采购，重点是选择"最优"供应商，需要在产品质量、价格、服务、诚信等方面具有优越性。同时，要与供应商达成共识，以签订相应的合同、协议作为具体工作业绩的约束，解决合作过程中的矛盾。另外，供应链模式下的采购管理要注重创新，采用现代化模式，如保兑仓模式，以降低风险，提高资金的使用价值，努力提高整个供应链的"诚信度"。

③制造，主要对生产、检验、包装、交货等活动进行计划和准备，需要提高工作效率。特别是在新时期，供应链管理下的采购要保障供应，提高产品质量和服务满意度，从客户的角度出发，加强管理。

④配送，在新时期被定义为"物流"，具体工作包括用户订单收货信息的调整、仓库网络系统的建立、运输调度、运输方式的选择、货物价格体系的建立等。配送环节有多种运输组织模式，如多式联运模式，这一模式能够有效降低运输成本，提

升运输效率。企业可根据实际需求选择适合的模式。

⑤售后，主要是处理整个供应链中存在的问题，包括一些存在质量问题的产品和用户不满意的产品。同时，要加强对问题的总结和补救措施的制定和实施，避免类似问题的再次发生。

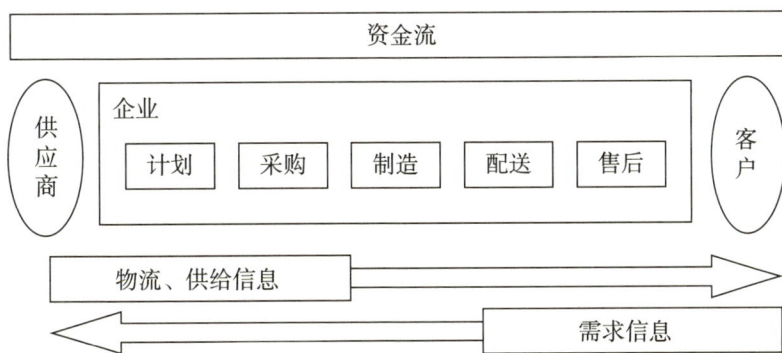

图 6-1 供应链管理流程

（2）供应链管理方法。

目前的供应链管理方法主要分为三种，第一种是快速反应，主要是指自身具备物流部门的企业在面对较多不同种类的产品以及小批量的买方市场时，一旦客户提出要求，就可以利用信息技术对订货信息进行针对性的要素提取，快速作出反应，进行货品的补充，为客户提供所需的产品和服务。

第二种是有效的客户响应，主要是指相关合作伙伴负责一部分产品和服务。当各成员单位的共同客户提出需求时，各成员单位能够迅速完成自己的任务，及时提供产品和服务，降低物流成本，从而降低企业供应链的总成本。

第三种是集成管理，主要是指企业在综合分析相关技术、行业特点和市场情况后创造的新的供应链管理方法，如建立网络链、信息系统等，对供应链上的资源进行集成管理。

6.3 供应链管理理论与应用

6.3.1 快速反应系统（QR）理论

快速反应系统（QR）是最基本的供应链管理方法之一，这一方法注重提高供应链的反应速度从而提高供应链的整体绩效。快速反应系统是企业利用 EDI 等信息技术交换销售时间信息、订单补货等业务信息，以多频次、小批量的配送方式持续补货，从而达到销售额增长、优化客户服务，最大限度地减少缺货，降低库存、风险和价格等目标的一种物流管理系统模式。

快速反应系统的关键在于供应商能否及时满足采购企业的需求。信息技术的发展提高了物流作业的及时性和准确性，减少了传统供应中因采购企业的需求预测不准确而出现的库存过多的情况，从而降低了库存成本。快速反应能力的提高，将作业重心从根据预测进行库存储备转移到根据采购企业需求进行发货响应上，由于在需求不明、任务未承接时，库存不动，因此系统各环节、各主体间必须紧密配合，实现管理的精益化。

同时，快速反应系统注重贸易伙伴间商业信息的共享、物流服务质量提升以及订货数据或出货数据的传送无纸化，就行业而言，快速反应系统主要集中应用于普通商品和纺织服装行业，其主要目标是对客户需求做出快速反应，快速补货。这是因为纺织服装行业的产品大多是创新产品，每件产品的寿命相对较短，因此，订货量过多（或过少）造成的损失相对较大。

总体而言，快速反应系统侧重于缩短交货提前期，快速响应客户需求，主要引进信息技术进行快速补发，通过开发联合产品来缩短产品上市时间，适用于单位价值高、季节性强、可替代性差、购买频率低的行业，其改革的重点是补货和订货的速度，目的是最大限度地消除缺货，并且只在商品有需求时才去采购。

【案例】盒马鲜生的灵活供应链①

生鲜行业的门槛很高，它需要采购可控的产品，整合前端分散的市场。中端运输对冷链和物流配送有很高的要求。后端交易和售后服务使不成熟的中间平台面临前所未有的挑战。

在 B2C 市场，盒马鲜生最具代表性，它不仅是一家超市，还是一家餐厅和菜市场。消费者不仅可以在店内购买，还可以在网上下单，享受半小时送达的快速配送。盒马鲜生的高市场占有率不仅来自即时加工餐饮模式的转变，还在于对生鲜市场的整合和优化，形成一条智能、透明、高效的供应链。

---

① 刘旷，购团邦资讯创始人，原文《盒马鲜生 ToC，美菜网 ToB：生鲜独角兽的不同成长之路》，载于"人人都是产品经理"网站，本节在引用时做了删节和补充。

首先，生鲜贸易对产品的保鲜要求很高，千人千面的消费行为需要一站式、全流程的信息跟踪，以保证消费者的体验。盒马鲜生的供应链体系采用快速反应（QR）方法，对商品进行全流程信息化管理，跟踪预判消费者行为，及时进行货品补充，在保障货品新鲜度的同时，最大限度满足了消费者多元化需求。

其次，盒马鲜生应用大数据等技术，对消费端分散的用户进行画像，作为补货采购的依据，极大地保证了生鲜产品的"新鲜度"。盒马鲜生果蔬基地的直采模式，根据订单进行补货，从源头上保证了生鲜产品的品质。

在创新物流方面，3千米内半小时送达服务是盒马鲜生的突出优势。冷链和仓储物流是生鲜电商发展中最难、最痛的点。为了避免生鲜产品在运输过程中的高损耗，盒马鲜生通过高成本投入，建立了规范高效的配送物流体系，并将用户订单信息与物流系统对接，确保每个订单的服务质量。

最后，盒马鲜生还将供应链前移，在产品种植区旁建立了冷链温控生产车间，可进行标准化包装，将果蔬从采摘到门店上架的时间控制在18小时内。供应链的前移，大大优化了流程，减少了中间环节，降低了成本损耗，最重要的是保证了生鲜产品的品质。通过对各个环节的整合和改造，盒马鲜生满足了客户的标准化体验，解决了传统生鲜市场散乱无序的症结，这也是盒马鲜生在技术成熟度逐步提升的过程中领先于其他跟随者的原因所在。

6.3.2　TOC 理论

约束理论（Theory of Constraints，TOC）是以色列物理学家、企业管理顾问戈德拉特博士在他发起的优化生产技术的基础上发展起来的管理理念，他提出了一些标准化的方法来定义和消除生产经营和生产活动中的制约因素，从而支持持续改进。

一般来说，TOC理论就像木桶理论一样，即一个木桶能装什么，取决于最短的木板。如果把任何一个组织看作一个系统，系统的综合能力取决于系统中的子系统或关键要素，其能力直接影响整个大系统的运行效率。约束理论是一套专门用来发现、分析和解决约束条件的理论。通过不断循环，可以不断消除系统当前的制约因素或瓶颈，不断完善现有系统，为企业增添活力，挖掘企业潜力，最终创造巨大的效益。

1. 产生背景

TOC先是作为一种制造管理理念出现。*The Goal*、*The Race*这两本书较早介绍了

TOC，引起了读者广泛的兴趣和实施这一理念的热情。TOC 最初被理解为一种管理制造业、解决瓶颈问题的方法。经过几次改进，TOC 发展出了以"产销率、存货、作业成本"为基础的指标体系，逐步成为提高产销率而不是降低成本的管理理论和工具，并最终覆盖了企业管理的所有职能环节。

1984 年，戈德拉特博士在他的第一部 TOC 专著 *The Goal* 中，描述了一位工厂经理运用约束理论在短时间内扭亏为盈的故事。戈德拉特博士把企业比作一个链条，这个链条象征着一个完整的系统，可以产生巨大的力量，就像企业内部各部门之间的合作与紧密配合，可以给股东带来巨大的利润。戈德拉特博士认为，任何一个系统都会有至少一个制约因素，它阻碍了系统潜能的充分发挥。以企业为例，它往往受到各种不确定因素的阻碍，无法实现利润最大化。这个系统就像链条一样，掣肘使它无法承受重负，容易断裂。1991 年，当越来越多的人开始认识和了解 TOC 时，TOC 发展出了一种逻辑性和系统性解决问题的"思维过程"（TP）。就这样，TOC 理论在不断的发展中逐渐走向成熟。

约束理论在美国企业界得到广泛应用，并在 20 世纪 90 年代逐步形成了完善的管理体系。美国生产与库存管理协会（APICS）对被称为"约束理论"的 TOC 非常重视，并成立了约束理论研究小组。该研究小组认为，TOC 是管理理念和管理工具的结合。"约束"是指在实现目标的过程中存在的或潜在的制约因素。约束管理就是将这些制约因素逐一识别和消除，从而明确改进方向和改进策略，以帮助企业更有效地实现目标。

综上所述，TOC 是一套关于如何改进的管理理念和原则，它可以帮助企业识别出目标实现过程中的制约因素，并指出如何实施必要的改进措施以消除这些制约因素，从而更有效地实现企业目标。

2. 核心步骤

TOC 有一套思考方法和持续改善的程序，称为五大核心步骤（Five Focusing Steps），如下。

第一步，找出系统中存在哪些约束。

第二步，寻找突破这些约束的办法。

第三步，使企业的所有其他活动服从于第二步中提出的各种措施。

第四步，具体实施第二步中提出的措施，使第一步中找出的约束环节不再是企业的约束。

第五步，回到步骤一，不让惰性成为约束，持续不断地改善。

3. 约束理论在生产计划中应用的关键技术

在制造系统中应用约束理论制订生产计划，其所涉及的关键技术和步骤包含以下三个方面。

（1）瓶颈资源识别。对于制造系统来说，瓶颈资源是指生产任务量大于其生产能力的设备/制造单元。因为在单件、小批量生产任务不断变化的环境下，产能的不平衡是不可避免的；产能的不平衡说明产能一定存在薄弱环节，即瓶颈环节；企业规划和控制的重点应该是企业的瓶颈环节。

（2）瓶颈资源排产。瓶颈资源的确定将整个生产网络分为关键网络和非关键网络，将待生产的零部件分为关键零部件和一般零部件。为了充分利用瓶颈资源，对瓶颈资源的生产任务要根据生产的重要性和紧迫性按一定的规则进行排序，合理分批。

（3）DBR 系统排产。在安排好瓶颈资源的生产任务后，要在整个生产系统的适当位置设置合理的缓冲区，选择合适的批次。瓶颈资源之前的工序按照"拉动"方式进行，瓶颈资源之后的工序按照"推动"方式进行，从而完成计划期内所有任务的生产调度。

【案例】 ABB 集团的供应链改进[①]

ABB 集团是世界 500 强企业之一，总部位于瑞士苏黎世。ABB 集团在中国的业务包括全系列的电力变压器和配电变压器；高、中、低压开关应用；电气驱动系统和电机等。这些产品已经在工业和电力行业得到了广泛的应用。ABB 集团的业务遍及全球 100 多个国家，拥有 13 万名员工，2010 年销售额达 320 亿美元。

ABB 公司生产的 J60 永磁风力发电机具有容量大、体积大、结构控制精确等特点，所以生产控制的难度比较大，容易造成生产过程中的控制困难和异常问题，影响产品的顺利产出。J60 永磁风力发电机的工艺流程及工时如图 6 - 2 所示。

---

① 邓毅，华中科技大学，原文《ABB 公司的供应商管理流程优化》，DOI：10. 7666/d. D612289，载于万方数据，本节引用时做了删节和补充。

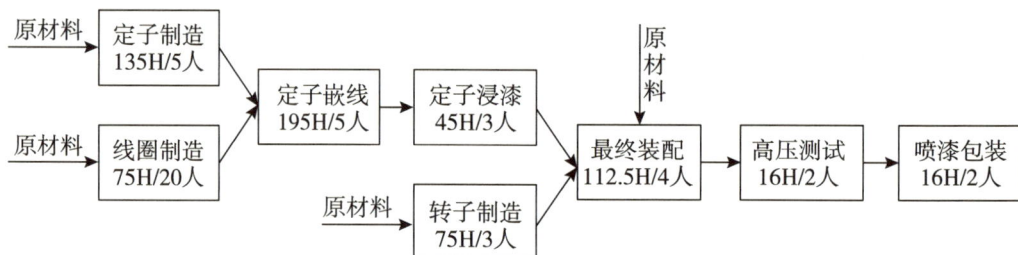

图6-2 J60永磁风力发电机的工艺流程及工时

可见，定子嵌线的生产工时是最长的，因此，如果说它是一个瓶颈资源工序，那么在它的前后工序中就有关键工序和非关键工序。在这些工序中，最终装配工序是关键工序，它不仅使用了产品的瓶颈资源，还需要增加新的原材料，工时相对较长。因此，应给关键工序设置一定的关键缓冲资源，以保证其正常运行。另外，定子制造部门为瓶颈资源工序提供定子半成品。为了保证定子制造部门的生产不影响瓶颈资源工序，最大限度地发挥瓶颈资源工序的产能，必须设置合理的缓冲库存。另外，我们可以看到，线圈制造部和转子制造部可以视为非关键工序。在生产管理过程中，不需要关注和设置缓冲库存。

6.3.3 SCOR供应链运作参考模型

SCOR（Supply – Chain Operations Reference – model）是由国际供应链协会开发和支持的，适合不同行业的供应链运作参考模式。1996年春，位于美国波士顿的PRTM和AMR两家咨询公司为了帮助企业更好地实施有效的供应链，实现从职能型管理到流程型管理的转变，率先成立了供应链协会，并于当年年底发布了SCOR供应链运作参考模型。

SCOR是国内首个标准的供应链流程参考模型，也是供应链的诊断工具，覆盖所有行业。通过SCOR模型，企业间可以有针对性地交流供应链问题，客观评价企业绩效，确定绩效改进目标，影响未来供应链管理软件的发展。流程参考模型通常包括一套流程定义、测量指标和基准，帮助企业制定流程改进策略。SCOR模型主要由四个部分组成：供应链管理流程的一般定义、对应流程性能的指标基准、供应链"最佳实施"（best practices）的描述以及选择供应链软件产品的信息。

SCOR模型将业务流程再造、基准和流程评估等著名概念整合到一个跨职能框架中。SCOR 是为使供应链合作伙伴之间能有效沟通而设计的流程参考模型，是帮助管理者关注管理问题的标准语言。作为一种行业标准，SCOR 帮助管理者关注内部供应链。如图 6 - 3 所示，SCOR 用于描述、测量和评价供应链配置，标准的 SCOR 流程的定义实际上允许任何供应链配置，标准的 SCOR 量表可以进行供应链绩效测量和基准比较，可以对供应链配置进行评价，以支持持续改进和战略规划。

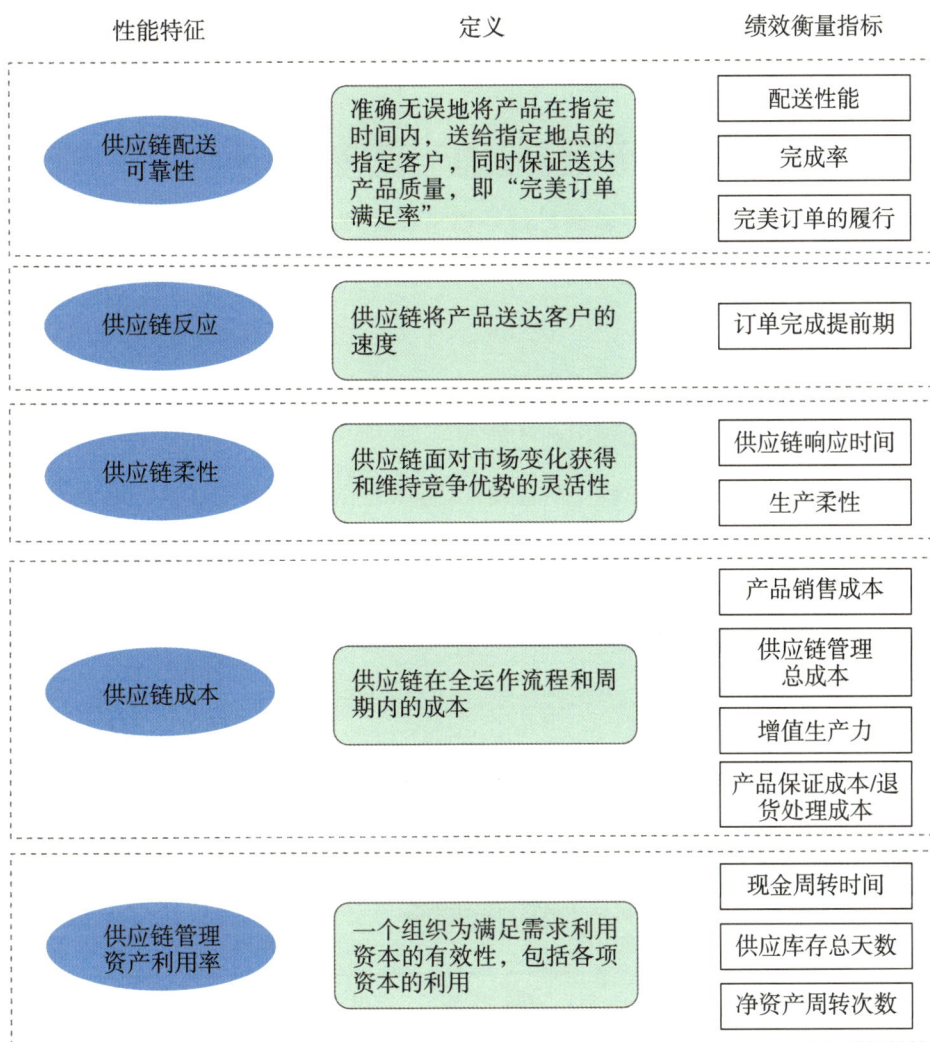

性能特征	定义	绩效衡量指标
供应链配送可靠性	准确无误地将产品在指定时间内，送给指定地点的指定客户，同时保证送达产品质量，即"完美订单满足率"	配送性能 完成率 完美订单的履行
供应链反应	供应链将产品送达客户的速度	订单完成提前期
供应链柔性	供应链面对市场变化获得和维持竞争优势的灵活性	供应链响应时间 生产柔性
供应链成本	供应链在全运作流程和周期内的成本	产品销售成本 供应链管理总成本 增值生产力 产品保证成本/退货处理成本
供应链管理资产利用率	一个组织为满足需求利用资本的有效性，包括各项资本的利用	现金周转时间 供应库存总天数 净资产周转次数

图 6 - 3　SCOR 模型配置层

（1）绩效衡量指标。

绩效衡量指标反映了供应链的绩效特征，高层次的绩效测量可能涵盖了 SCOR 过程中的许多不同层次。衡量供应链的绩效与了解供应链的运作一样必要。衡量要点如下。

①衡量工作必须结合企业的目标。

②衡量工作要有可重复性。

③衡量工作必须能对更有效管理供应链提出见解。

④衡量一定要适于所评测的流程活动。

（2）配置层。

配置层由核心流程组成，企业可选用该层中定义的标准流程单元构建的供应链。每一种产品或产品型号均可以有自身的供应链。

（3）流程元素层。

如图6-4所示，每一个SCOR流程都由三个过程要素详细描述。

计划要素：调整预期资源以满足预期需求。计划过程应平衡总需求并覆盖整个计划周期。定期的计划过程可以缩短供应链的反应时间。计划过程需要整合部分模型和企业本身。

执行要素：由于计划或实际需求导致的产品形态变化。执行过程包括进度和顺序的安排、原材料和服务的转化、产品处理。

支持要素：计划和执行过程中所需要的信息和内外部联系的准备、维护和管理。

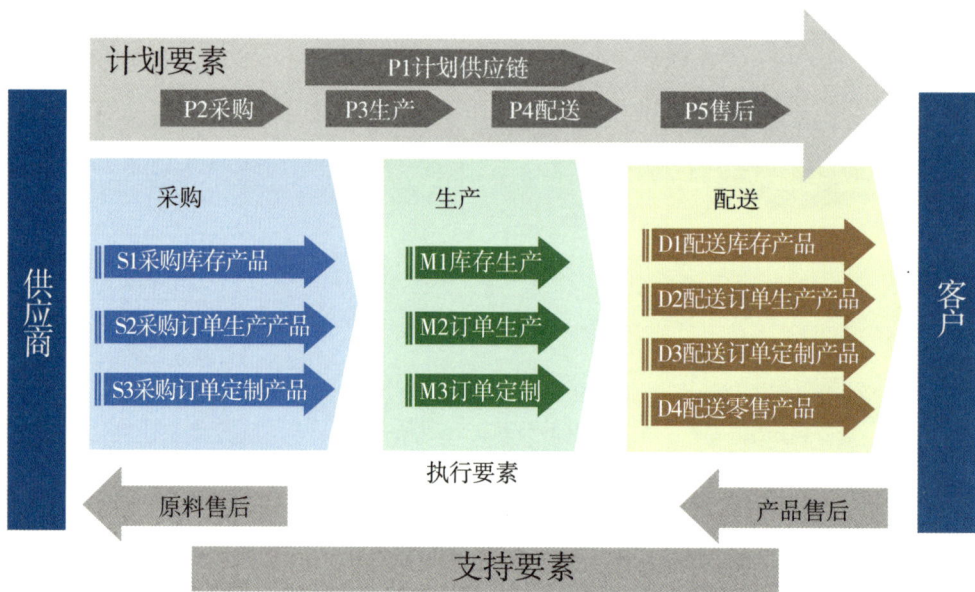

图6-4　流程元素层

在传统的生产和流通领域，竞争的主要范围是企业与企业之间，包括同行业的竞争和供应链上下游企业之间的竞争。这种竞争的结果往往破坏了生产和流通的规律和秩序，降低了企业的效益，甚至导致产品的加速"死亡"。这是一种低档次的竞争，往往以降价为主要手段。

现代供应链管理使上下游企业形成战略联盟，市场竞争由企业间竞争转变为供应链之间的竞争。其核心是组织和管理手段的现代化，是现代信息技术在更高层次上的竞争。

供应链管理的重点不仅是技术和管理手段的应用，也是企业组织和产业组织的重构。为了从供应链的角度进行管理，需要对企业内部的业务流程和组织结构进行重构。在重构的过程中，首先需要在核心竞争力理念的指导下，突破传统的"大而全""小而全"的生产和流通模式。其次，在企业外部，要重构供应链，慎重选择战略联盟伙伴，保持自己对市场的判断力，合理预测和分配风险及收益。

【案例】沃尔玛供应链运作模式①

作为一家跨国连锁企业，沃尔玛的主要竞争对手有家乐福、7-11 等。面对众多的竞争对手，折扣是沃尔玛吸引顾客、提高营业额的重要手段之一。在门店经营的过程中，其价格优势的保持得益于公司高效的物流体系。通过建设物流体系来降低管理成本的做法被称为"沃尔玛现象"，这也带动了全球物流与供应链管理建设的趋势。企业内部和企业之间的物流配送系统管理和基于互联网的供应链互动信息管理是沃尔玛供应链管理的主要内容。

一、沃尔玛的供应链一体化运作模式分析

沃尔玛根据不同的品类，其供应链一体化有着不同的运作模式。以 SCOR 模型的三个层次进行分析。

（一）绩效衡量指标

在指标层，高层绩效衡量涵盖多个不同层次的 SCOR 流程，因此，指标的设置必须与企业的核心目标相一致。在这个过程中，不仅要体现可操作性，还要体现供应链的运营目标。沃尔玛的企业文化是超越顾客的期望，因此，在绩效考核方面，沃尔玛通过 EDI（电子数据交换）系统将 POS（销售点）数据传输给供应商。供应商可以与沃尔玛共享信息，然后预测库存量。发货前，供应商的应用系统向沃尔玛

---

① 思谋案例组，原文《沃尔玛的供应链运作模式分析》，载于思谋网实践案例，本节在引用时做了删节和补充。

发送 ASN（Advanced Shipping Note，预先发货清单），为沃尔玛预留反应时间，其可以利用扫描设备进行检查，大大提高了商品检验的效率。同时，利用电子支付系统 EFT 向供应商支付货款，对比 ASN 和 POS 数据，预测未来数量，提出未来计划。供应商负责进货和库存管理。另外，供应商确定具体的时间、商品、交付方式、CRP（连续库存补充计划）。供应商和沃尔玛同时减少库存的种类和数量，使整个供应链的库存水平降到最低。

结合各环节业务的测算，沃尔玛设置了相应的绩效评价指标。质量评价指标主要关注产品批次的合格率；供应商评价指标主要包括准时交货率、交货周期、订单变更接受率等；价格评价指标主要包括价格水平、报价及时性、成本控制水平等；服务评价指标主要包括采购响应周期、售后服务等。

（二）配置层

在配置层设计中，沃尔玛在设置新店时，不仅要考虑商圈，还要考虑配送中心的位置。配送系统管理中，高效的商品配送是保证沃尔玛实现最大销售量和最低库存周转成本的核心。沃尔玛设置的仓库配备了专门的机器人，通过二维码识别商品，对不同种类的商品在不同的供应链上进行操作，形成不同区域的多线运输。配送中心占地10多万平方米，存储的商品种类繁多，从牙膏到电视机，从卫生纸到玩具，共有80000多种商品。根据类别，货物被运送到不同的作业区。根据计算机网络配置，逐一设定功能、颜色等分类标准。通过系统对订单进行有序处理，使货物在其专属的供应链上进行分拣、配送等物流作业。

（三）流程元素层

为了支持产品的生产和计划，对企业的供应链管理流程进行改进和创新，在内部实施SCOR流程，以一级计量标准作为管理的计量标准，按照计划、采购、生产、配送、退货五个环节对物流运作流程进行重组，并用于多组织结构下购销计划的协同预测和联合管理。以下是沃尔玛流程元素层的具体构成。

（1）订单处理流程：物流中心收到成交的订单后，业务部门查询发货当天的库存数量和装卸能力，并通过实际调度安排回复客户。如订单不能按时完成，由业务部门处理和协调。

（2）采购流程：接受订单后，按照严格的采购标准，物流运营中心应向供应商或厂家订货。操作内容包括清点货物数量、查询供应商的交易条件，然后根据设定的数量和供应商提供的相对经济的订单数量，下达采购订单。

（3）采购与库存在途：根据采购单，采购人员要对采购与库存在途进行跟踪和维护。仓库入库管理员可根据采购订单的预定入库日期安排入库计划和平台入库计划，并在次日查询和更新入库情况。退货时通过退货验收、分类等程序，办理退货手续，然后将货物进行入库登记。

（4）实际库存管理和库存控制过程：库区的管理包括货物的摆放、区域布置等；货物的进出遵循先入先出或后入先出的原则；库存数量的控制是根据一般货物的出库数量和入库时间的长短来制定一定季节或时间点的采购数量和采购时间，从而建立采购时间点的预警系统。

（5）补货、拣货流程：通过统计客户订单数据，可以得到货物的真实需求。在发货当天，当库存大于供应需求时，应根据需求编制发货拣货单，并根据拣货说明和注意事项规划安排拣货区域、工具、时间，落实人员、分配工作内容。发货拣货不仅包括拣货，还包括定期补货上架，使商品在沃尔玛超市内流通顺畅，让顾客实现"一站式采购"。

（6）流通加工流程：用 ABC 分类法对商品进行分类、称重、拆包、重新包装、粘贴标签，对商品进行组合、包装。

（7）发货流程：完成运输中的分拣、流通加工等操作，然后进行货物的发运。它包括根据客户的订单数据编制货物单据、安排发货计划、编制发货报告、确定签收地点等。

（8）配货流程：根据计划路线图对配货进行规划设计，集中调度安排，选择最佳路线决定货物装车的顺序，以及配货过程中信息的更新和突发情况的处理。

二、沃尔玛供应链的优劣势分析

沃尔玛的供应链作业，是从产品的采购到标准化的商品陈列再到最终用户手中的整体流程，其优劣势如下。

（一）优势

（1）缩短了在途时间。高效供应链的每个流程都是紧密相连的。

（2）实现了低成本。降低供应商的价格，对货物进行合理的仓储、配送。

（3）实现了低库存。准确的预测和上下游之间的信息共享，提高现金流动性和毛利率。

（4）可持续发展。与上下游企业长期友好合作，共同成长。

（5）实现货物流通的高流量和稳定性，以及采购的规模效益。要大批量采购，成为供应商的主要客户。

（二）劣势

（1）适合完全成熟的发达市场。只有在完全成熟的发达市场，低价策略及其配备的设施和系统才可以充分发挥作用，预期的运营效果才能实现。

（2）选择供应商的周期太长。从早期的供应商评估到实际采购，再到 N 级供应商的确定，需要大量的时间。

（3）过分依赖信息系统。包括 EDI 技术、POS 信息、VMI 和 ASN 等。

三、总结

零售业的发展，不仅要做好企业间的供应链协调，还要加强内部整合。在零售企业的供应链中，有零售商、中间商（批发商）、制造商和为制造商提供原材料的供应商。供应链管理不能完全依靠参与者的独立自律，还需要与上下游相结合，共同促进和协调。以沃尔玛为代表的零售企业与上游企业之间的供应链管理优势体现在三个方面：一是实现用户之间的物流资源和信息共享，节省物流建设的投资；二是实现供应商的快速反应和实时运作，使厂家和零售商降低库存成本，节省流动资金；三是与厂家合作，建立互信的伙伴关系，降低交易成本，从而降低整体运作成本。零售企业与下游企业的供应链管理运作优势体现在两个方面：一是可以实现快速运作；二是可以提高销售额和资金的周转率，实现供应链的全过程管理。在电子商务的冲击下，如何在未来的市场环境中把握市场形势，实现突破，完善供应链的运作，提升竞争优势，已成为我国企业的当务之急。

第7章

物资采购对标与定位评价

对标管理作为 20 世纪 90 年代三大管理方法之一，是企业对自身进行行业定位、查找管理短板、提升管理水平的重要手段，对于现今对采购管理的研究同样适用。其中平衡计分卡、供应链成熟度的对标思想作为企业物资采购对标体系构建的理论基础，能够从供应链的角度为企业物资采购水平分析提供新视角，从而帮助企业客观地从供应链建设角度评价自身物资采购水平。

7.1 对标管理理论与概念界定

本书中采购管理对标体系的基本架构借鉴了平衡计分卡的四个维度与供应链成熟度模型中的供应链成熟度等级划分，在此基础上，结合行业的采购管理现状，具体设置每一维度的评价标准，最终形成了本书的采购管理对标体系。

7.1.1 平衡计分卡

近三十年来，企业战略管理研究的一个关键问题就是如何将企业的战略目标落实，贴合员工的日常工作活动。平衡计分卡的诞生从理论和实际两个层面促成了企业战略向员工行动的转化，引起了各界的广泛关注。

平衡计分卡的核心思想是选用驱动因素指标来衡量企业未来业绩，弥补传统的财务指标单纯衡量过去业绩的缺点，平衡计分卡将企业的战略及愿景作为企业目标，并依此设置指标，通过财务、客户、内部流程、学习与成长这四个维度，综合对企业的整体业绩水平进行考察。平衡计分卡的目标及指标，并不是单纯的财务指标及非财务指标的具体组合，而是一个企业生产经营过程中由其使命和战略所推动的自上而下的过程。明确每个维度的指标后，管理人员便可以安排其战略质量、反应时间、行动计划及流程再造的具体实施步骤，从而实现突破性的特定目标。

Kaplan 和 Norton 首创了平衡计分卡的理论体系，平衡计分卡理论框架如图 7 – 1 所示。

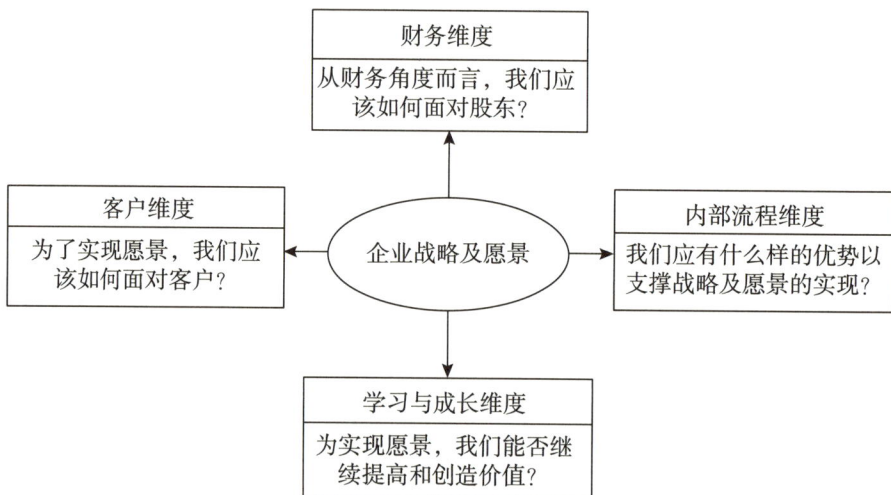

图 7 – 1　平衡计分卡理论框架

通过平衡计分卡的一般理论模型，企业基于自己的规划，从战略角度出发，绘制战略地图，并根据战略地图从财务维度、客户维度、内部流程维度和学习与成长维度四个维度选取评价指标，从而将企业的发展战略转化到企业的日常经营活动与员工管理中。

在平衡计分卡这个体系的构建和实施中，将目标和行动动态用因果关系相联系是重要的思想突破。平衡计分卡体系的核心概念是因果驱动。因此，战略地图作为战略驱动性和战略执行思维出现，增强了平衡计分卡体系在这一领域的实力。战略地图重点体现了因果关系链的极端重要性、协调性和一致性，并有助于参与人员直观地通过简洁的框架将企业战略落实为具体的行动思维。

平衡计分卡以战略地图为起点，把企业的战略转变为具体行动。首先，通过战略地图反映组织战略并将战略主题分解；其次，以战略主题为基础，运用平衡计分卡界定战略目标、指标和行动计划；最后，在组织内部进行分解，并注重纵向和横向之间的协调，把战略目标落实为战略行动。以上便是平衡计分卡将战略目标转变为战略行动的整个流程。

在绘制战略地图后，企业需要通过将战略目标分解为财务、客户、内部流程、学习与成长四个维度进行相应的评价指标设置。

财务维度中的各项指标作为向外部展示的最直观的数据，直观地反映了企业的经营目标与运营情况，是企业股东最重视的方面，对企业未来的发展和定位具有重要的影响。财务维度在平衡计分卡四个考察维度中最易进行量化分析，反映企业经营成果的财务维度的各项相关指标，可以从财务报表中直接获得。其中衡量财务维度的指标包括营业收入、投资收益率、总资产回报率、资产负债率、总资产周转率和经济增长率，财务维度通常是滞后指标。

客户维度中的各指标反映公司的价值定位、市场竞争地位以及目标客户等情况，可以更准确地反映客户企业市场的表现。企业长期繁荣发展的关键是拥有源源不绝的高忠诚度以及满意度的客户资源。这一维度中指标设置的目的在于促进企业提高服务质量，增强企业为社会提供多种产品和服务、满足市场客户多样化需求的能力，企业需要不断调整产品营销战略，明确企业未来发展方向，继续在保持现有客户的前提下吸引新客户，从而不断增加市场份额。衡量客户维度的指标包括新客户获得率、市场份额。

内部流程维度是企业不断发展壮大的动力，发现企业发展过程中存在的问题，从而降低企业的风险，促进企业长久发展。内部流程维度能够推动企业与其他企业的合作，以内部流程为基础的分析是一个动态变化的过程。内部流程维度各指标反映企业实现可持续发展、提高管理效率的流程完善方法。最佳内部流程的战略目标分为运营流程、创新流程和售后服务流程三个流程。衡量内部流程的指标包括企业的流程信息化水平、数字化水平及企业内部流程的规范性等。

学习与成长维度是对平衡计分卡其他三个维度的重要补充，也是企业自我改善的关键一环，目的在于探索促进企业发展并不断提高效益的方法，包括组织和员工两个方面。学习与成长维度的具体测试指标包括信息系统的效率、员工的专业技能水平以及企业的内部文化建设。人才对于企业未来发展具有关键性的作用，是企业可持续发展的重要体现，有利于促进企业持续稳定发展。

平衡计分卡的四个维度是一个相互联系的整体，企业通过建立与实际业务相适应的内部流程，能够提升企业效率效能；通过对员工进行培训，能够提升团队的专业技术水平，员工运用专业技术能够为客户提供良好的服务；精简而实用的业务流程以及专业的团队能够支撑企业的高质量发展，提升企业的经营能力，增加企业利润，从而提供使股东满意的财务数据。在平衡计分卡的应用过程中，需要综合利用平衡计分卡四个维度的指标数据，对企业的经营状况进行评价。

7.1.2 供应链成熟度

供应链成熟度是国际著名的咨询公司 Gartner 于 2003 年提出的概念，用于从宏观上衡量供应链的发展成熟阶段，确立供应链转型目标。供应链成熟度与企业的供应链运营能力成正相关关系，供应链成熟度评价也是供应链绩效评价体系的重要组成部分。通过建立供应链成熟度评价模型，可以在一定程度上补充和完善供应链绩效评价体系，发现制约供应链管理的关键因素，进而为供应链管理的动态优化提供可靠的依据。

目前主流的供应链成熟度分析模型有四种，分别为 DDVN 模型、PMG 的供应链成熟度模型、Kevin McCormack 的供应链商业流程成熟度模型和 IBM 商业价值研究院持续改进的供应链成熟度模型。

1. DDVN 模型

DDVN 模型的全称是基于需求驱动的价值网络，由 Gartner 在 2003 年提出，已经在很多企业客户中得到应用，经过多年的研究和发展，发表了数百篇研究报告，形成了 DDVN 模型体系。

DDVN 的核心思想是，企业通过一套流程和技术，实现需求、产品和供应链的协同，将供应链上各节点实体整合成以需求驱动的创造价值的网络体系，这个网络体系以需求为驱动，使供应链交付接近零延迟，实现整体商业环境的价值最大化。DDVN 模型从不同的角度将管理者、管理层次、管理对象建立一个综合的评价体系，能够衡量供应链的管理绩效，并总结分析出管理投入所带来的效率、效益和效能。

DDVN 模型（见表 7-1）将供应链成熟度分为 5 个阶段，分别是被动响应型供应链、内部功能划分型供应链、整合型供应链、需求驱动价值网络型供应链和网络价值创造型供应链，这 5 个阶段的成熟度依次提高，每个阶段都有鲜明的特征。根据 Gartner 在 2021 年发布的全球供应链 25 强排名（The Gartner Supply Chain Top 25 for 2021，见表 7-2），全球只有亚马逊、苹果、麦当劳、宝洁、联合利华五家企业达到了供应链成熟度第 5 阶段，接近 70% 的企业供应链处于阶段 1 至阶段 2 转型的阶段，供应链集成是很多企业难以企及的目标。同时，25 强中与能源、电力行业相关的企业仅有施耐德电气一家上榜。

表 7 – 1 　　　　　　　　　　　　　　　DDVN 模型

阶段	阶段描述	内容
1	React（被动响应型）	商业流程非推动式线性供应链； 迟缓、序贯的计划方式； 供应链的优先级低； 缺少整合； 单独行动
2	Anticipate（内部功能划分型）	内部流程整合； 缺少外部连接； 具有企业范围考核框架； 整体上属于推动式供应链； 开始纳入拉动式驱动因素
3	Collaborate（整合型）	终端客户拉动式供应链； 多层次考核框架； 成本效率向利润效益转型； 需求和供应在内部整合； 供应商和客户外部协同
4	Coordinate（需求驱动价值网络型）	需求驱动的价值网络； 敏捷动态的流程，持续改进； 全供应链内外完全整合
5	Orchestrate（网络价值创造型）	绩效考核关注价值创造； 可视化、实时的技术； 供应链成为完全优势

表 7 – 2 　　　　　　　　Gartner 2021 年发布的全球供应链 25 强

行业	公司名称	级别	排名
零售	亚马逊 Amazon	MASTER	—
高科技	苹果 Apple	MASTER	—
零售	麦当劳 McDonald's	MASTER	—
消费品	宝洁 P&G	MASTER	—
消费品	联合利华 Unilever	MASTER	—
高科技	思科 Cisco Systems	TOP25	1
消费品	高露洁 Colgate – Palmolive	TOP25	2
生物科技	强生 Johnson & Johnson	TOP25	3

行业	公司名称	级别	排名
工业机械	施耐德电气 Schneider Electric	TOP25	4
消费品	雀巢 Nestlé	TOP25	5
高科技	英特尔 Intel	TOP25	6
消费品	百事可乐公司 PepsiCo	TOP25	7
零售	沃尔玛 Walmart	TOP25	8
消费品	欧莱雅 L'Oréal	TOP25	9
零售	阿里巴巴 Alibaba	TOP25	10
生物制药	艾伯维 AbbVie	TOP25	11
消费品	耐克 Nike	TOP25	12
零售	蒂则诺纺织 Inditex	TOP25	13
高科技	戴尔 Dell Technologies	TOP25	14
高科技	惠普 HP Inc.	TOP25	15
高科技	联想 Lenovo	TOP25	16
消费品	蒂亚吉欧酒品 Diageo	TOP25	17
消费品	可口可乐公司 The Coca – Cola Company	TOP25	18
消费品	英美烟草 British American Tobacco	TOP25	19
汽车	宝马 BMW	TOP25	20
生物制药	辉瑞 Pfizer	TOP25	21
食品	星巴克 Starbucks	TOP25	22
食品	通用磨坊食品 General Mills	TOP25	23
生物科技	百时美施贵宝 Bristol Myers Squibb	TOP25	24
跨行业	3M	TOP25	25

DDVN 模型体系共包括 7 个评价维度，分别是战略与组织、产品生命周期、供应网络设计、需求管理、供应操作、客户满意度和供应链管理，每个维度下有若干项子维度，共 37 项评价指标。针对每项指标，都将其分为由低到高的 5 个不同阶段，对应 1~5 分。不同阶段的判断标准都有详细说明，并依托专业分析师和业界高管进行同行评议，判断供应链所处发展阶段。

2. PMG 的供应链成熟度模型

PMG 的供应链成熟度模型由世界著名的管理咨询公司 PRTM 于 2001 年提出，反映了企业运作能力所处的不同阶段与供应链绩效之间的关系。PMG 的供应链成熟度模型如表 7 - 3 所示。

表 7 - 3   **PMG 的供应链成熟度模型**

阶段	阶段描述	内容
1	Functional Focus（关注功能级）	离散的供应链流程； 资源管理的实施在部门级； 信息管理属于文档级
2	Internal Integration（内部集成级）	整个公司内部的商业流程的管控、资源信息管理属于诊断级
3	External Integration（外部集成级）	战略伙伴协作； 加强商业流程和信息共享
4	Cross - Enterprise Collaboration（供应链企业协同级）	可以根据客户需求实时计划、决策、实施 IT 和电子商务协同供应链

从表 7 - 3 的 4 个阶段中，可以看出各阶段相应的信息管理特点。从信息在部门内部仅作为文档，到信息在供应链企业中发挥作用，再到信息在供应链合作伙伴中实现共享，最终将商流、资金流、物流、信息流应用于电子商务，实现供应链各主体间的实时响应。

3. Kevin McCormack 的供应链商业流程成熟度模型

Kevin McCormack 在 2004 年研究供应链管理成熟度模型时提出了供应链商业流程成熟度模型（The Supply Chain Process Management Maturity Model），该模型以竞争中强调战略伙伴形成的协调性组织和商业流程为落脚点，分析了商业流程与供应链绩效的关系。Kevin McCormack 的供应链商业流程成熟度模型如表 7 - 4 所示。

表 7 - 4   **Kevin McCormack 的供应链商业流程成熟度模型**

阶段	阶段描述	内容
1	Ad Hoc（初始级）	商业流程非结构化，缺乏明确定义，组织与流程特征是传统功能，处于非管理状态
2	Defined（定义级）	基本的商业流程被定义及说明，以传统功能为特征的业务代表级协作
3	Linked（突破级）	经营者从战略层面管理商业流程，企业内部、供应商和客户基于统一的商业协作流程和目标进行协作

阶段	阶段描述	内容
4	Integrated （集成级）	企业与其供应商可进行商业流程协作； 采用现代化商业流程管理进行协作
5	Extended （组织协同级）	多企业面向客户需求形成战略关系协作网；基于信任和相互依赖形成多企业协作网

从表7-4的5级阶段中，可以总结出供应链商业流程逐步成熟与完善的历程，由企业内部的、传统的针对功能的管理，到跨企业的、聚焦于商业流程的整合和协同。商业流程是一系列结构化的、能够为客户产生具体商业成果的活动。只有对供应链上各成员公司进行商业流程整合才能实现供应链上的财富增值。由于商业流程具有结构化的特点，使得以它为管理基石的供应链中组织关系和业务容易被定义、衡量和整合。商业流程管理的最终目的在于降低成本和提高时效。信息和通信技术的发展使得在供应链上实现时间压缩、信息集成和互通成为可能。

4. IBM 商业价值研究院持续改进的供应链成熟度模型

IBM 供应链成熟度模型是 IBM Institute for Business Value （IBM 商业价值研究院）对行业内领先企业进行调查，观察它们在供应链演化及转变过程中的不同阶段并总结后，于 2005 年提出的持续改进的供应链成熟度模型。以客户驱动、随需应变的供应链成熟度模型作为一种评测工具，用于衡量供应链以客户为中心的程度和响应水平，并说明供应链在不同阶段如何采用不同的供应链流程集成策略。并将其提出的五级阶段模型分别从完美产品上市、供需同步、通过战略供应的全球购买能力、卓越物流履行客户承诺四个层面进行阐述。IBM 商业价值研究院持续改进的供应链成熟度模型如表7-5所示。

表7-5　　　　IBM 商业价值研究院持续改进的供应链成熟度模型

阶段	阶段描述	内容
1	Static supply chain （静态供应链）	业务无规范化标准，人工干预多；信息处于内部对自身业务的事后记录阶段
2	Functional excellence （职能卓越）	部门内规范化管理； 信息在部门内共享
3	Horizontal integration （横向整合）	企业内各部门间流程规范化； 信息在企业内共享

阶段	阶段描述	内容
4	External collaboration（外部协同）	企业与合作伙伴间商业流程规范化；信息在企业与合作伙伴间共享
5	On demand supply chain（随需应变供应链）	依照客户需求自主调整生产、采购和物流计划，实现业务流程规范化、协同化；信息共享使调整过程灵活、可控

在 IBM 商业价值研究院给出的供应链成熟度模型中，对商业流程的管理及供应链全体企业流程的规范化、标准化管理，是实现企业的最终目标——随需应变供应链的必要条件。不同程度的信息集成，帮助领先企业通过运用先进的信息技术和不断改进的供应链管理策略，使企业保持更低的库存水平、更短的现金周转期和更高的利润，并取得快速响应能力。

7.1.3　对标概念界定

在进行对标体系设计之前，需要明确采购管理、成熟度评价、成熟度模型三个概念。概念界定是在前述章节的基础上，结合物资采购对标实际情况，为本书研究建立概念基础。

（1）采购管理。

作为一种较为常见的经济活动，采购是企业管理运作过程中的重要环节，是指各种资源从供应者到购买者的流动。整个过程涉及不同的环节，其中包括计划、生产、运输、存储、装卸、加工以及使用，只有保障资源在不同的时间以及空间内实现顺利的转移才能够落实各项采购任务。另外在转移的过程中，资源的使用权以及所有权也产生了变化，只有充分运用各种等价交换手段以及交易手段才能够实现不同权利的顺利转移，由此可以看出，整个采购过程涉及商流以及物流。从传统理论的相关论述可以看出，采购管理与企业价值链有着密不可分的联系，是指企业以自身的价值链为核心，在价值链的基础上所进行的各种投入。采购是指企业以合适的价格、数量、质量从供应商处获得更高质量的服务以及产品。本书中，采购管理指需求计划管理、采购执行管理以及供应商管理三大部分，不涉及物资的库存管理、物流管理等内容。

（2）成熟度评价。

成熟度是指组织在发展过程中对各种具体能力进行控制、管理以及定义的有效性，一个成熟度较高的组织能够积极促进自身基础设施的建设，并能够加强对实际资源的管理，结合企业的实际情况采取科学合理的方法，保障管理流程能够符合资源实际使用的各类要求，从而实现自身的持续发展。由此可以看出，一个成熟的组织机构能够在动态管理中不断提高自身的综合实力，保障能力管理与组织管理的一致性，提高自身的成熟度，严格按照行业内部以及组织机构的各项标准建立科学合理的标准规范制度，积极落实各项方针政策，按照成熟度管理的各项要求明确各阶段的工作任务，实现管理流程的具体化和规范化。

（3）成熟度模型。

通过成熟度模型的建立可以看出内外部环境对事物变化所产生的影响，了解每个事物发展的过程。本书中构建的成熟度评价模型主要关注3个关键点：首先，模型能够综合考虑各种因素，注重指标的选择，将成熟度划分为不同的层次；其次，结合不同层次的目标设定成熟度评价标准，每个层次间相互联系，标准层层提升；最后，只有达成前一个等级的目标之后，才能进入下一个等级。

7.2 物资采购对标体系设计

7.2.1 对标体系设计思路

本书中对标体系的设计以平衡计分卡理论为基础，以成熟度模型为蓝本，结合我国企业采购与管理的实际情况，对企业的采购进行测评。基于采购管理体系的分析，根据企业实际业务需求建立科学合理的采购成熟度模型评价体系，并保障各评价维度以及评价指标选择的逻辑性和全面性，严格按照逐层分解以及自上而下的分解模式设置评价维度，选择评价指标。在进行评价体系构建的过程中，除考虑行业企业实际采购管理特点及管理目标外，还应积极借鉴其他行业采购管理的相关测试指标以及评价模型。

7.2.2 对标指标选取原则

从管理学的视角考虑，从定性和定量两个方面进行指标选取，构建科学的业绩指标评价体系，是实现对标管理的核心环节。考虑到企业业绩评价应该具有目的性、实用性和可比性的特点，结合企业物资采购的具体情况，进行业绩指标评价体系构建和实证评价时应该遵循下述原则完成企业对标。

（1）科学性原则。科学性原则要求对标指标定义清晰、概念范围明确、测算方法合适、操作方便快捷，并且尽量选择企业的通用性指标，从而更加科学有效地反映能源企业的业绩水平。

（2）战略相关性原则。战略相关性原则要求对标指标及内容能够与企业战略紧密相连。本章在进行对标管理研究时借鉴平衡计分卡的管理思想，将四个维度的指标运用因果关系相关联，不断细化为多个具体的评价指标，与企业战略具有直接或间接的关系，即深层次的因果联系。

（3）重要性原则。重要性原则是指在进行对标指标选取的过程中，应抓取关键性指标，摒弃非常规因素，以期更好地构建指标评价体系。指标评价体系中的评价指标通过不同的视角反映了企业的业绩水平，尽管关注重点不同，但都是评价企业业绩水平的关键因素。在进行指标选取的时候，不可能做到面面俱到，考虑与企业绩效相关的所有因素，这并不符合可操作性原则，更会因为极端因素干扰正常的判断能力。

（4）可操作性原则。可操作性原则指对标指标的选取与体系的构建应基于公司的实际需要，在实证分析环节具有可操作性，具体体现在指标数据的可提取。在实际对标中，一些关键性指标难以进行定量化描述，同时也没有必要进行定量分析，因此，可以采取做法对标的方式。可提取指的是对标数据来源应为官方渠道（如企业公开的财务报表、官方网站的介绍等），具有可信性。

（5）动态稳定性原则。动态稳定性原则指对标指标的设置应随实际情况改变，并且在一定期间内保持相对稳定性。因此，建立好对标体系后，在实施对标管理的过程中，企业还应该不断进行修整，实施动态的对标管理。

7.2.3　对标内容分析与指标体系确立

为使对标的结果对企业而言更具参考价值，在进行指标确定前，需要结合企业战略方向、采购管理现状以及采购管理的要素三方面进行对标内容分析。

就企业战略方向而言，指标的选取应具有引导性，企业能够通过对标查缺补漏，逐步提升自身物资采购水平，以支撑企业发展向自身战略定位靠拢，就目前我国能源行业国有企业发展而言，大力推进管理精细化、企业智慧化，是企业运营能力提升的发展重点。

就企业采购管理现状而言，企业物资采购水平的提升，往往体现在采购流程、采购信息平台建设以及供应商管理三个方面。具体而言，即采购流程的设置具有合理性，能够与实际工作相适应；采购信息化平台能够实现协作，信息流动无障碍；对供应商的管理能够从供应链整体优化的角度，进行相应的类别划分，并采取不同的管理策略。

采购管理的要素可概括为五点。一是控制采购成本。最大限度降低采购中的冗余成本，既不过度压缩成本导致采购质量降低，又不使采购成本增加导致运营成本上升。二是完善采购制度。建立管理制度、业务流程与岗位职责三位一体的标准化采购管理制度体系，将制度流程固化到企业系统，是提升采购质量的重要举措。三是组建专业采购团队。采购人员的业务能力直接决定了采购任务完成度和企业的利益。通过培训等各种方式不断提高采购人员职业素质和专业技能，通过构建合理的绩效评价体系对采购团队进行评价，是提升采购团队专业水平的有效方法，也是采购质量提升的重要环节。四是构建供应商全生命周期管理体系。建立健全供应商库、优化完善供应商动态量化考核，进行供应商分级分类，是采购管理中的重要部分。五是控制采购质量。建立采购质量评价体系，对采购活动进行全面绩效评价，根据评价结果进行相应改进，能够形成管理闭环，保证采购质量，不断提高采购水平。

结合对以上三方面内容的分析，同时借鉴平衡计分卡理论与对标数据的可得性，从成本、流程、供应商、采购团队四个维度选取对标指标。

成本维度选取采购成本控制这一指标，旨在衡量公司采购管理中资金利用效率及水平；流程维度选取采购流程信息化水平和采购流程规范化水平，旨在评价公司采购流程的数字化水平；供应商维度选取供应商关系管理、供应商日常管理和供应商采购可持续性三个指标，旨在衡量公司供应商管理质量；采购团队维度选取采购人员培训和采购团队绩效考核两个指标，旨在衡量公司在员工培训、构建专业采购团队方面的投入程度。

根据以上内容分析，构建采购管理对标指标体系（见表 7-6）。

表 7-6　　　　　　　　　　　采购管理对标指标体系

对标维度	对标指标
成本	采购成本控制
流程	采购流程信息化水平
	采购流程规范化水平

对标维度	对标指标
供应商	供应商关系管理
	供应商日常管理
	供应商采购可持续性
采购团队	采购人员培训
	采购团队绩效考核

7.3 物资采购定位评价

在介绍了相关理论、明确了概念定义、构建起采购管理对标指标体系后，本节针对体系中的各指标制定相应的评价标准，使企业能够对自身的物资采购水平进行定位。在对标方法设置时，针对指标类型对应设置供应链成熟度评价和对标评价两种评价方法。对于采购成本控制这一指标，采用竞争性对标或功能对标的方法。对于流程、供应商与采购团队三个维度的指标采用供应链成熟度评价，本次对标采用的成熟度评价模型是在现有理论模型的基础上，结合企业物资采购管理关注点，将评价结果划分为摸索级（Ⅰ级）、规范级（Ⅱ级）、控制级（Ⅲ级）、优化级（Ⅳ级）和整合级（Ⅴ级）五个等级，并结合指标内容设置相应评价标准。对标体系评价标准如表7-7所示。

表7-7　　　　　　　　　　对标体系评价标准

序号	指标名称	指标定义及设置目的	数据来源	对标方法及标准
1	采购成本控制	对与采购原材料、零部件相关费用的控制，包括采购订单费用、采购计划制订人员的管理费用、采购人员管理费用等，旨在衡量公司采购成本控制的合理性	公司年报及相关资料	竞争性对标/功能对标 ①竞争性对标：与直接的竞争对手对标成本控制相关做法； ②功能对标：与处于同一行业但不在一个市场的公司对标成本控制相关做法

序号	指标名称	指标定义及设置目的	数据来源	对标方法及标准
2	采购流程信息化水平	旨在衡量公司采购流程的数字化程度与公司信息共享能力（包括计划管理、供应商管理信息化和平台一体化）	实际调研及公司相关资料	供应链成熟度评价 摸索级（Ⅰ级）：采购物资有编号； 规范级（Ⅱ级）：采购物资有唯一编号； 控制级（Ⅲ级）：物资的信息纳入标准化管理，保证信息渠道的通畅，充分利用各种手段加强与供应商的合作； 优化级（Ⅳ级）：物料编码在首次输入后自动在系统中流动，已建立科学合理的信息化管理机制； 整合级（Ⅴ级）：采购物资信息与客户的信息、供应商的信息连成一体
3	采购流程规范化水平	旨在衡量公司流程的规范化、标准化程度	实际调研及公司相关资料	供应链成熟度评价 摸索级（Ⅰ级）：业务无规范化标准，人工干预多； 规范级（Ⅱ级）：部门内规范化管理； 控制级（Ⅲ级）：企业各部门间流程规范化； 优化级（Ⅳ级）：企业与合作伙伴间商业流程规范化； 整合级（Ⅴ级）：根据客户需求自动调整生产、采购和物流计划，业务流程规范化、协同化
4	供应商关系管理	旨在衡量公司与供应商合作的程度与供应链协作潜力	实际调研及公司相关资料	供应链成熟度评价 摸索级（Ⅰ级）：考核一般针对核心供应商及重要供应商，考核的要素以质量和交货期为主 规范级（Ⅱ级）：严格按照公司的采购计划，建立行之有效的供应商综合考评体系，同时注重提升供应商的参与度 控制级（Ⅲ级）：与供应商建立良好的合作伙伴关系，维护供应商的合法权益，能够彼此信任 优化级（Ⅳ级）：能够与供应商建立长期合作机制，对每个供应商进行职责定位，明确其地位与作用，在部分采购环节上能够与供应商实现协作 整合级（Ⅴ级）：与供应商建立战略合作伙伴关系，能够充分协作，实现信息共享，共同提升供应链绩效

序号	指标名称	指标定义及设置目的	数据来源	对标方法及标准
5	供应商日常管理	旨在衡量公司对供应商的日常评价与跟踪情况	实际调研及公司相关资料	供应链成熟度评价 摸索级（Ⅰ级）：对产品的质量、数量以及交货期进行集中讨论； 规范级（Ⅱ级）：建立反馈机制，了解供应商的实际需求，保障产品的质量和数量； 控制级（Ⅲ级）：积极促进产品质量的提升，综合采取各种措施，为各项活动的开展营造良好的外部环境； 优化级（Ⅳ级）：充分发挥供应商的作用，完善质量管理体系，提高产品的质量并将产品的成本控制在合理的范围之内； 整合级（Ⅴ级）：了解供应商的实际需求，制定科学合理的战略管理目标，促进产品质量提升，完善发展机制
6	供应商采购可持续性	旨在衡量公司与供应商之间建立绿色可持续的现代供应链潜力	实际调研及公司相关资料	供应链成熟度评价 摸索级（Ⅰ级）：不与不守法的供应商合作； 规范级（Ⅱ级）：要求与供应商的合作具有可持续性； 控制级（Ⅲ级）：要求供应商严格按照国家法律的各项要求以及行业内部的规范明确责任，将社会效益与经济效益结合； 优化级（Ⅳ级）：达到绿色采购的认证标准，在企业年报中反映出"可持续性"的积极数据； 整合级（Ⅴ级）：在绿色采购、绿色供应链、"可持续性"方面充当"领头羊"角色，被社会作为楷模
7	采购人员培训	指公司对采购人员定期进行的采购理念、专业技能等的培训活动，旨在衡量公司采购团队的专业化程度以及公司对于采购人员的管理水平	实际调研及公司相关资料	供应链成熟度评价 摸索级（Ⅰ级）：仅进行采购人员入职培训； 规范级（Ⅱ级）：有定期的采购人员总体培训； 控制级（Ⅲ级）：建立采购培训小组，有助于采购人员互相交流； 优化级（Ⅳ级）：有完善的采购人员培训体系，并与公司其他业务部门有培训交流； 整合级（Ⅴ级）：与同类型企业有交流合作，帮助员工认识不同的采购体系，关注员工自我提升，满足其自我认同的需要

序号	指标名称	指标定义及设置目的	数据来源	对标方法及标准
8	采购团队绩效考核	旨在衡量公司采购人员绩效考核体系的全面性、绩效考核结果的应用情况	实际调研及公司相关资料	供应链成熟度评价 摸索级（Ⅰ级）：对于采购团队无岗位职责说明书，无明确的绩效考核标准； 规范级（Ⅱ级）：已设置采购团队岗位职责说明书，有相应的绩效考核标准，但不够清晰； 控制级（Ⅲ级）：已设置清晰的岗位职责说明书及绩效考核标准，但未体现团队中不同角色的差异化； 优化级（Ⅳ级）：根据业务需求为采购团队的不同角色设置岗位职责说明书与相应的绩效考核标准； 整合级（Ⅴ级）：从供应链优化的角度差异化设置采购团队岗位职责说明书与绩效考核标准

第三篇

企业智慧采购模式探索

第8章

智慧采购概述

数字化、信息化给人们生活带来的冲击涉及方方面面，从客户需求到企业竞争再到采购工作，这些变革为智慧采购的诞生提供了条件。通过对企业智慧采购实践经验的总结以及对智慧采购理论的梳理，我们将从智慧采购的提出背景出发，探索智慧采购发展的新方向，大胆预测未来的智慧采购在采购流程、数据可视化以及供应链平台建设等层面的突破与改进。

8.1 智慧采购提出背景

2020 年 5 月 22 日，《2020 年国务院政府工作报告》提出，重点支持"两新一重"建设，标志着我国进入了新基建时代。新基建以 5G 通信、大数据、人工智能、工业互联网等领域为重点，是一种以科技为核心的新型基础设施建设，能够为中国经济增长提供新动力，为智慧城市建设奠定坚实基础。新一代信息技术将与实体经济在更大范围、更深层次、更高水平上融合，加快实体经济数字化、网络化、智能化升级。同时，国务院国资委办公厅也正式印发《关于加快推进国有企业数字化转型工作的通知》，推动国有企业数字化转型，系统明确了国有企业数字化转型的基础、方向、重点和举措，积极引导国有企业在数字经济时代准确识变、科学应变、主动求变，加快改造提升传统动能、培育发展新动能，并对能源行业提出了实现全业务链协同创新、高效运营和价值提升的目标。在新基建时代，作为国家经济的基本细胞，企业的数字化转型尤为必要且迫在眉睫。

就国有企业而言，数字化升级早在前几轮国企改革、更新产能时便提上日程。当前，国企的数字化转型正在全面展开，有利于产业格局的优化和产业链的现代化发展，帮助数字经济和实体经济深度融合，并且促进经济高质量发展。在新时代，加强信息技术与生产经营的内在联动，加快"数字企业"建设，推动"智慧企业"形成，成为国有企业的重要课题。

采购作为物资供应的初始环节在许多企业中占据十分重要的地位，更是企业数字化转型的一大要素。过去企业常常将节省开支作为采购部门的关键目标，但随着时代发展，采购被赋予了越来越大的责任，实现企业运营资本最大化、帮助企业抵御市场波动以及降低和控制风险等，采购管理也越来越重要。如今，"互联网＋"的热潮席卷而来，数字化的理念逐渐深入人心，而数字化也对企业采购管理产生了重要的影响。数字化的影响主要体现在客户需求、企业竞争及采购工作三个方面。

一是数字化对客户需求的影响。互联网是数字化影响社会的根本，我们已经进入移动互联网时代。消费者无论是个人还是企业，都可以提出自己的意见，需求更加个性化和多样化。从企业营销的层面看，就是多品种、小批量、突发性、快速交货的订单越来越多。

二是数字化对企业竞争的影响。信息化是数字化转型升级的基本媒介，互联网销售加速了企业信息化这一进程。为了在满足顾客个性化、不确定性需求的同时，提升企业的合理利润，企业需要将信息化从销售端延伸到企业内部，进而延伸到供应商。同时，如何在信息化工具的支持下快速搜寻合适供应商，并及时响应客户需求，将是企业发展中着力解决的一大核心问题。

三是数字化对采购工作的影响。数字化推动智能化，网络化造就平台化。"数字化"对采购工作最直接的影响体现在"互联网采购平台"的广泛应用，"上网查询"相关信息已成为当下采购人员接到采购申请后的首选动作；随着信息系统、产业互联网，以及人工智能的进一步发展，纯粹以下单、催料为主要内容的采购工作，被数字化取代只是时间问题。

数字化、信息化以及"互联网＋"模式，不仅是趋势而且会成为常态，也为企业的采购等工作带来了不容忽视的冲击，采购的转型升级也成为必然。基于此背景，以现代信息技术为支撑，能够有效提升采购管理各环节的可视化、智能化、协同化、标准化水平及可追溯性。

8.2 智慧采购管理理论体系

8.2.1 采购管理理论演进

采购管理作为实现企业生产经营目标的源头，对提高最终产品的质量、减少库存投入、降低成本、提高服务水平，最终增强企业的核心竞争力具有重要作用。采购管理的主要目的是实现企业的经营目标。采购管理的内容通常包括采购的决策、计划、组织和控制。如今，随着企业组织结构的重新设计和业务流程再造理论的提出，一些企业已经打破了传统的职能组织结构，建立了采购、生产、销售的基本结构，其采购管理已成为企业建立核心竞争力的重要手段。

早期与采购管理相关的理论是库存理论，它从企业的角度出发，研究当采购价格为外生变量时的最佳订货量和最佳订货周期，以达到最低采购成本和最低库存投资的目标。其特点是在以生产为导向的市场环境下，企业采购的目的是维持一定的库存水平，以维持正常的生产经营活动。

随着市场环境导向由生产向需求转变，需求的多样性出现。企业的生产经营活动不仅要依靠原材料、半成品、商品和服务的供应，还面临着最终市场的竞争。此时，采购管理多从买卖双方两级供应链的协调与整合角度出发，即从买卖双方的利益角度出发，研究库存、订货、定价的协调问题。这一时期，企业采购的最大特点是开始采用谈判机制。与库存理论时期的采购管理相比，除涉及订货量这一决策变量外，人们逐渐意识到采购是一种交易形式，通过买卖双方的谈判（博弈），达到双方利益优化的双赢目标。

同时，随着科学技术的进步和时代的发展，专业采购管理理论也不断提出新的观点。考虑到风险、资金占用、规模适度、时效性和成本等因素，通过科学的采购管理，可以合理选择采购的方式、品种、批次、频率和地点，利用有限的资金保证生产经营的需要，从而促进企业降低成本、加快资金周转、提高产品质量。

8.2.2 智慧采购管理理论

过去十年，强劲的需求为采购服务领域的扩张提供了有利的外部环境，在全球市场环境不断向买方市场转变，以及电子商务广泛应用的环境下，采购管理不仅成为专业的职能，还成为企业实现战略目标的重要手段，我国采购服务行业迅速发展。但随着我国经济进入高质量发展阶段、采购管理模式及供应链管理模式不断创新，各大企业纷纷推进智能化采购、专业化采购，因此，适时转变发展思路是当今企业的普遍选择。

8.2.2.1 智慧采购内涵

伴随经济技术的迅速发展，"互联网＋"模式不断升级，采购管理理论也在新时代有了新发展，智慧采购应运而生。智慧采购的内涵目前在学术界尚无明确定义，在业界比较公认的一个说法是京东在企业采购方面所提出的"三大标准"，即智慧采购是有温度、懂"你"和无界的。有温度的采购，就是通过系统前端、数据采集、智能决策，更好地匹配买家和用户的实际需求；懂"你"的采购，就是知你所想、给你所需，通过智能画像、智能采购、批次推荐，为企业寻求和匹配更好的采购服务；无界的采购，就是基于场景和图像的能量、生态和共享，以场景产品化、数据标准化、功能组件化、协议通用化为目标，满足不同客户的多场景采购需求，构建共享生态。

基于此，智慧采购的内涵可以理解为，运用互联网、物联网等技术，基于数据采集分析，依靠各种智能化支撑服务平台，对采购中各核心环节进行智能化改造，实现无缝对接，从而使采购行为更加精准化、智能化、人性化和生态化。

8.2.2.2 智慧采购相关理论

现阶段，智慧采购理论主要是在已有的理论基础上，结合时代背景，从采购与供应链维度入手对电子采购、一体化平台搭建、供应商智慧管理以及供应链建设等内容进行深入研究。表 8 - 1 分别对数字采购、智慧供应链及即时采购管理理论进行了总结。

表 8 - 1　　　　　　　　　　智慧采购管理理论

序号	名称	主要内容	特点	作用
1	数字采购	通过大数据分析、流程自动化和新的协作模式，供应商和企业用户可以提升采购的智能化水平和效率，大幅降低成本，从而实现更快、更透明的可持续采购	利用数字化技术打造连接各方的平台，提供实时数据及市场分析，制定决策（采购策略），快速响应及执行采购需求（采购执行）	可以帮助采购人员进行采购工作，同时也能为企业管理人员提供采购定标和采购管理的数据支持
2	智慧供应链	依托物流互联网和物流大数据，以客户价值提升为导向，通过协同共享、创新模式和先进的人工智能技术，实现产品设计、采购、生产、销售、服务全流程高效协同的组织形式	资源平台化；满足个性化需求；高效应对数据冲击；多主体协同化创新	进一步扩大行业间信息共享和资源共享范围，实现向现代化、智能化、高效化的供应链转变

续　表

序号	名称	主要内容	特点	作用
3	即时采购管理	根据生产计划和生产节奏,严格组织原材料、零部件采购管理流程的节奏和进度,使物料供应与生产需要的节奏和进度一致	在合适的时间、地点,以合适的数量和质量提供合适的物料,消除一切无效劳动和浪费	使采购物料的种类和数量能准确地满足生产进度的需要,达到减少 WIP、材料库存和浪费的目的

工业互联网时代的到来促进了企业的数字化转型,而数字技术的应用也在促进企业的采购行为越来越智能化、智慧化。数字采购包括两个关键要素:识别和创造价值、防止价值流失。例如,在供应商管理中,大数据的应用目前更多地体现在企业数据层面,未来则可以扩展到行业应用。还可以针对交易管理进行多维度数据分析,进行企业采购工作整改或组织人员调整,有利于发挥采购人员作用,可以更好地为各级单位分配合适的采购人员,提高采购效率。

基于数字化技术的智能采购,可以有效降低时间成本、提高采购效率,进而帮助企业降低运营成本。智能采购也更加注重对采购流程的管理,使其更加规范,使企业管理者能够掌控对外采购的每个细节。从宏观上看,实施智能采购,对国家大力倡导和积极推进的智能供应链和现代供应链建设具有重要意义。

智慧供应链的"智慧"特征主要体现在现代智能技术和供应链技术的应用上,供应链的全流程运作实现了可视化、感知化、可调整。智慧供应链通过灵活管理、快速响应、智慧协同,实现创新、生态、高效的发展目标。智慧供应链具有以下特点。

(1)资源平台化。

利用平台进行高效快捷的创新。以海外清关代理为例,阿里巴巴旗下的一达通外贸综合服务平台给中小型跨境电商提供了更全面的一体化清关服务,基于特色服务的创新更具有广泛的价值。因此,以包容、开放、智慧的理念推动供应链创新,将会获得更大的发展空间与市场机遇。

(2)个性化需求满足方式。

传统供应链以推式生产为主,在对市场的反应上具有难以避免的滞后性。而智慧供应链注重体现以采购方为中心的理念,在"供应商—采购方"的链条上以拉式生产实现信息流的互动。具体来说，消费者在购买产品或服务前可提出需求，消费后可反馈建议，企业从而能更好地构建个性化的产品与服务，满足目标人群的潜在需求，结合对未来市场趋势的预测提高可持续发展的可能性。

（3）高效处理海量数据。

在大数据时代，供应链上时时刻刻都在产生繁杂、冗余的数据，为了使企业管理者能更好地制定决策，智慧供应链从大数据群中高效地提取有效信息，再将之进行分析处理并创新。供应链环节的时效分析、服务质量分析、各个流向的环境政策分析等，都依托大数据。进一步来说，云计算与人工智能依托大数据，又孕育了新的机遇与空间，为智慧供应链创新添砖加瓦。

（4）多主体协同化创新。

在智慧供应链视角下，核心企业基于企业发展战略，将供应链上的各个信息孤岛连接在一起，实现了企业间从产品开端的设计、采购、生产，一直到末端的销售、服务等全过程的高效协同，从而最大化整个供应链盈余。合作伙伴联盟的形成使单个企业之间的商务往来变成有组织的系统之间的合作，从而提升采购活动在整个供应链上的效率。

另外，随着供应企业的增多，企业间的竞争越发激烈，对降低采购成本的要求也越来越高。此时，除在采购管理中采用谈判机制外，还应根据即时采购管理的需要，将制造企业更具竞争力的 JIT（准时制生产）与经济订货批量采购相结合，形成即时采购管理理论，以帮助企业及时应对小批量、多品种的最终市场需求，实现利润最大化的经营目标。

即时采购又称 JIT 采购，是先进采购管理理念指导下的一种精准采购模式。即时采购管理重视人的作用，重视对物流的控制，它主张有效降低生产活动中的采购成本和物流成本，它要求高层次的控制管理，准确预测全过程各阶段的最终产品需求。Niall Waters – Fuller（1995）进行了这一理论的文献综述；吴敏等（2005）研究了EOQ（经济订货批量）和 JIT 采购的成本节约问题，得到了 EOQ 和 JIT 采购能节约更多采购成本的条件。

综上，数字采购、智慧供应链与即时采购管理的实施，将彻底改变传统的采购管理，缩短产品上市周期、提高市场份额、降低成本等，使得采购效率及价值贡献全面可视化，打造极具竞争力的采购组织核心竞争力，为企业创造价值。

8.3 智慧采购发展方向

随着供应链数字化、智能化水平的提升，企业供应链在企业自身发展、推进企业良好运作上发挥的作用日益凸显。基于此背景，如何在现今新的经济环境之下，实现自身的采购转型，促进智慧采购，也将成为未来企业探索新的物资采购模式的一大要点。运用智慧供应链的先进理念、管理方法和技术手段，有利于提高企业的智能化水平，加快客户服务需求响应速度，提高资源流通效率，引领企业生产向智能制造和智能管理转型升级，确保企业全球化经营发展目标的实现。站在更高的层面，从全局性、发展性、连续性出发，构建企业生产、管理、服务的综合体系，使企业拥有"聚核"功能，更具竞争力。本部分将从采购的相关流程、数据及供应链平台三个维度来探索智慧采购未来的发展方向。

8.3.1 采购全流程智能化

未来的智慧采购将更多地应用新一代信息技术，用可视化的手段来显示数据、用移动化的手段来访问数据将成为大趋势，人性化的技术和管理方式使人机之间的协调性越来越强，采购全流程的智能化水平也将越来越高。

首先，整个采购系统不是局限于仓储、运输、分拣等单一操作环节的自动化，而是大量采用机器人、激光扫描器、RFID、MES等智能设备和软件，融入物联网技术、人工智能技术、计算机技术、信息技术等，实现整个采购过程的自动化和智能化。例如，将人工智能等技术应用到采购管理系统平台，内置一套包含管控目标与管控流程的领先物资管理体系，实现从需用计划申报到采购计划编制、平衡利库以及询价比价、采购合同签订、物资验收入库、领用出库与结算到废旧物资管理的全过程立体管控，并通过手机等移动设备，为企业制订精准的物资管理解决方案，推动企业物资管理达到标准化、流程化、精细化、智能化新境界。不但能够大幅提升管理效率，还能使整个物资管理过程透明可控。

其次，采购信息系统实现流程全覆盖和无障碍沟通。一方面，采购信息系统要与更多的设备、系统互联互通；另一方面，依托互联网、人工智能、大数据等信息技术，实现网络的全透明化和实时控制，保证数据的安全性和准确性。比如通过RPA（机器人流程自动化）可以自动识别、查取文件中的关键信息，自动登录系统进行填报和校验，实现文件录入全流程自动化，有效提升工作效率。

最后，智慧供应链可以实现供应链全生命周期管理，开展可预测的战略寻源，实现采购执行智能化，建立协作化的供应商管理，促进整个供应链流程的优化，构建可持续发展的采购生态环境，提升供应链的价值。

8.3.2　物资数据标准化

物资主数据的共享和应用，有利于提高企业供应链的管理水平，对充分发挥集团化的整体采购优势，组织实施直属企业生产、建设、经营所需的物资、工程和服务的集中统一对外采购具有重要作用。

物资主数据管理，不仅是硬件和软件的应用，还是将数据作为重要资产管理的思想和办法，是指一整套的物资标准化管理体系，涵盖物资分类体系、人才建设体系、系统建设体系、数据分析体系、评价考核体系等。具体内容包括制定物资分类标准和规则，建立采购类别及其明细结构，详细描述每个类别的信息，从而建立物资类别管理数据库。结合企业物资分类的特点，将整个物资分类体系按照级别进行划分，选择最稳定、最容易区分的物资自然属性作为主要分类依据，且能适应业务拓展的新分类要求。通过物资主数据管理平台，可以采用多种查询方式查找物资主数据。同时，设置设备、仪器等专业审核岗位，负责监督检查物料编码的应用和运行维护。系统运行一段时间后，数据专家需要定期清理垃圾数据和无效数据。例如，电子产品更新速度快，需要定期清理过时和停产的电子产品的编码数据，数据专家负责受理物料编码申请，并对企业在审核过程中提出的问题提供咨询、支持和服务。

物资数据标准化的实现需要不断提高企业业务需求、设备选型和设计的标准化水平。标准化程度高了，企业可以整合不同单位、不同时间节点的物资需求，实行集中采购，或与供应商签订长期框架协议。同时，标准化的实现也有利于实现物资的灵活配置，有利于降低库存和采购成本。

8.3.3　供应链平台协同化

供应链协作包括两个方面：企业间协作和企业内部协作。供应链上的企业间协作是指供应链上的成员在共享需求、库存、运力和销售信息的基础上，根据供应链的供求状况，实时调整计划，进行产品、服务的交付或获取的过程。智慧供应链的建设离不开供应链上下游企业的协同互动。智慧供应链平台的建设可以实现与上下游企业的软硬件制造资源的全系统、全生命周期、全方位联动，进而实现人、机、物、信息的整合与共享，最终形成智慧供应链生态系统。智慧供应链平台需要将产品、客户、供应商、技术、服务等进行整合，以符合服务于企业供应链大数据的逻辑要求，从而保证供应链在运营过程中能够及时捕捉数据，并根据数据进行自我优化和调整，实现智慧运营。

在供应链各参与方协同运作方面，协同平台将采购商、供应商、制造商、经销商等上下游企业连接在一起，动态共享信息，完成需求预测、生产计划、采购、制造、物流、库存、销售、服务等多方协同。进一步完善供应链协同管理的策略和方法，使企业之间更加高效有序地协调和支持，解决供应链协同中的各类问题，提升供应链的整体竞争力。

企业内部协同是使企业各职能部门、各业务流程服从企业总体目标，实现不同部门、不同层次、不同周期的计划和运作系统的协同。如采购、库存、生产、销售、财务的协调；战略、战术、执行的协调；长期、中期、短期规划的协调等。顺畅的工作流程、信息流，合理的组织结构设计，动态的流程优化思路是企业内部协同的有力保障。

8.4　智慧采购的典型案例

随着智慧采购理念的普及，大众关注度越来越高，主流电商平台持续发力，实现智慧赋能。中央企业数字化转型势头强劲，如国家能源集团物资公司围绕集团产业链、价值链，融合"云大物智移"等信息技术，构建"国能 e 购"智能采购平台，打造专业化、数字化、智慧化供应链（具体实践在本书第四篇有详细介绍）。国网、中石化等大型央企也纷纷建立自己的供应链平台，实现价值延伸。

8.4.1　央企智慧采购实践

8.4.1.1　国家电网公司构建数字供应链体系

国家电网公司全面整合供应链上下游资源，依托"大云物移智边链"等技术，构建以智能采购、数字物流、全景质控三大业务链为支撑，内外高效协同、智慧运营的国网特色"五化"现代智慧供应链体系。构建"5E 一中心"供应链平台，聚合采、运、储、配、结、控，供应链全流程，实现业务数据化、数字化转型，推动传统产业向产业互联网转型升级。

在需求计划申报环节，以项目物资储备库信息为基础，按照实际需求自动生成采购计划，调用采购标准技术规范结构化数据（ID），根据项目里程碑计划、生产周期自动匹配适合的采购批次，智能申报，编报时间压缩95%。

在招标采购环节，国家电网公司所有招标采购活动在电子商务平台（ECP）开展，发标、投标、开标，参数自动比对、量化打分，按照预设授标规则，自动生成招标采购结果，全流程电子化操作，防止"人为干预"。

在供应商管理方面，应用物联感知等技术，采集供应商及设备全生命周期数据，从资质能力、履约表现、运行绩效、社会信用、成本费用等多维度，开展供应商全息多维评价"画像"，评价结果与供应商不良行为处理信息，在招标采购环节自动引用，智能联动。

在智能监督方面，在总部和省公司封闭的评标基地开展评标活动。应用音视频监控、人脸识别、智能定位、分区隔离等技术，对评标全过程进行线上智能监督，实时查纠违规违纪行为。推广建设电子评标室，充分利用专家资源，打破地域限制，开展远程异地评标，防范采购风险。

在质量监督方面，在生产制造环节，通过电工装备智慧物联平台（EIP）对接上游电工装备企业，实时采集物联工厂信息，获取供应商订单、排产、进度、产品工艺参数、出厂试验等信息，打造"透明工厂"。国家电网公司主动向供应商推送工程进度、安装运行情况、质量评价、全行业参数等信息，引导供应商按需生产、智能生产。

8.4.1.2 中国石化易派客创新工业品电商运营模式

易派客是中国石化结合物资采购及供应建立的集采购、销售功能于一体的电子商务平台。

通过打造"互联网＋供应链"的SC2B（Supply Chain to Business）创新电商模式，对内服务于中国石化，对外为社会企业提供采购服务、销售服务、金融服务和综合服务。聚焦六通：合作互通贸易链、横向融通供应链、嫁接连通制造链、金融助通资金链、纵向贯通产业链、多向打通服务链。并且开创"易"系列：易权通、易标准、易支付、易金融、易商旅、易保险、易生活、易物流，打造工业品运营新模式。

截至2018年年底，易派客建成了中文站和国际业务平台，建成了在线支付系统，开启了易派客平台的一体化互联，推出了商业保理业务，建立了易派客全球精品馆，开创B2B2C模式，易派客工业品电商生态基本建成。2019年4月18日，易派客创新提出了供应链阳光行动，推进供应链创新协同发展，其主要内容包含采购、制造、物流及信息四个方面。

一是推进采购标准化。易派客标准的应用可以提高采购专业化水平，实现简单、高效、高标准的采购。从源头上选择经过认证和评价的企业产品，实现安全、可靠、优质的采购。通过规范招标、简化招标、智能评标，实现合法合规、低价采购。

二是推进制造数字化。在线呈现主要工艺路线、工艺流程和工艺参数。可在线查询重要检测过程、检测方法、检测记录。实现关键设备状态、制造进度和质量状况的在线监控。

三是推进物流透明化。实现运输方式、路径信息的完整共享，全程可追溯。实现订单收发、仓储、配送等环节的在线实时跟踪。实现物流轨迹的动态查询及后续验证。

四是推进信息互联化。实现需求匹配、订单互动、在线支付的全流程电子交易。实现产品设计、制造的全方位信息交互。实现仓储、运输的全流程信息共享。

8.4.2　民营企业智慧采购实践

8.4.2.1　京东打造敏捷供应链

2020 年年初，京东提出了以供应链为基础的技术与服务企业的新定位，明确未来要从多方面打造需求驱动、开放协同和敏捷响应的供应链。

在需求驱动能力方面，基于海量用户数据，京东新品反向定制平台通过机器学习算法深度洞察用户需求，帮助品牌挖掘潜在细分市场，打造爆款新品。新品模拟平台通过智能模拟的方式，帮助品牌商低成本确定新品的型号、价格、数量。试用产品分销平台通过投放试用产品，监控营销效果，优化营销方案。个性化定制平台为品牌商提供多种高效的产品定制服务，满足用户的个性化定制需求。智能工厂平台对接工厂，提供产品管理、产能预售、订单撮合、物流仓储等服务。

在开放协同能力方面，基于零售供应链的能力沉淀，京东通过数据开放、流程开放、能力开放，与相关产业的上下游价值链合作，实现产业价值链之间的同频共振。

在敏捷响应能力方面，京东通过数字化流程、数据化联动、智能化决策，结合大数据技术和人工智能算法，推动业务流程自动化、智能化，提升供应链执行效率和决策效率。

值得一提的是，面对 2020 年新冠肺炎疫情的冲击，京东物流第一时间作出响应，充分发挥敏捷供应链优势，实现快速运输。为了抗击疫情，专门设计了企业疫情风险应对的指导框架，协调整合必要的流程和资源，快速调整和构建供应链，应对新的需求，助力产能恢复。

一是实现了组织保障。成立了疫情应急指挥部，成立了由京东 CEO 牵头的快速反应组织。二是实现了运营保障。增加各前置仓的货物储备，实现供应链的快速调整和响应。开展产品创新，开发教材配送、蔬菜入库等新业务。三是提供了防疫支持。开通医疗器械进湖北专用通道，启动应急在线程序，开通救灾热线，建设湖北应急物资平台。采用智能配送机器人完成终端配送，降低疫区配送人员的感染风险。实时的智能系统保证了为不断变化的物流网络提供解决方案。此外，京东物流还承担了湖北省政府应急物资供应链管理平台的建设工作。通过该平台，帮助应急指挥部实现需求、采购、调配、捐赠的全场景数字化综合协调。同时，可全程跟踪、高效集中管理和控制，帮助湖北进行稀缺医疗物资的精准计算、科学调度、合理配送。

8.4.2.2　阿里巴巴赋能智慧供应链

2019 年 8 月 16 日，在阿里巴巴供应链开放日，阿里巴巴宣布将升级供应链平台能力，构建端到端的全数字化供应链网络，帮助各行业零售商优化供应链管理。供应链优化的范围涵盖目标、选品、计划、采购、库存、销售、履约、结算等全环节。

为此，阿里巴巴成立了新零售供应链平台事业部，作为支撑阿里巴巴新零售业务体系的供应链产品技术平台的建设者，还承担着构建服务于阿里巴巴新零售生态圈的精准、智能、敏捷的供应链体系的使命。利用互联网创新技术、大数据和人工智能技术，重塑和整合社会供应链资源，不断解决产业痛点，提高阿里巴巴供应链的业务覆盖率。阿里巴巴供应链平台的功能已经应用到阿里巴巴的 25 个业务板块，服务了超过 30000 家企业。这些商家包括天猫超市、盒马、大润发、银泰百货、饿了么、天猫国际、村淘、天猫零售等线下业态，并逐步将线上零售纳入供应链赋能管理范围。未来，这个平台将向行业内所有企业开放。

在供应链方面，早期阿里巴巴有两套供应链产品体系：一套是以"天猫直营"为代表，以实现行业销售目标为原则进行设计的供应链体系；另一套是以商家、天猫和菜鸟仓配供应链协同为目的的平台入仓模式供应链体系。平台入仓即电商入仓，具体指在供应商与电商平台进行线上交易的过程中，为两者提供线下交付、完成交易的服务，即将客户货物经过运输、交仓等物流操作交付电商平台仓库、商超仓库。

2018 年，这两套产品体系及其对应的团队进行了整合，配合上游商家销售目标和下游菜鸟仓配提供端到端的供应链服务。纯线上业务的供应链以仓配网络为基础，销售端在线上，每个仓库都是一个库存节点和履约节点。所有的供应链规划都是围绕着以销售目标为导向的仓配协调和库存规划进行的。

线上和线下零售业务的供应链是基于"仓库 + 门店"的网络。门店不仅是销售节点，也是前仓、库存节点和履约节点。由于基础网络形式的不同，两种零售模式的供应链规划和供应链业务执行形式也不同。

对于供应链规划来说，品类规划需要考虑门店本身的地理因素，包括周边社区、街区、人流量、竞争对手等。线下门店对补货频次的要求比较高，因为门店的库存比较浅，会要求门店进行更频繁的补货。对于供应链的订单履行，分为两个阶段，从仓库到门店的 B2B 订单履行和从门店到消费者的 B2C 订单履行。对于供应链网络的建设，以前考虑的是仓库的网络规划，现在要考虑"仓库 + 门店"的网络规划，更加复杂，更具挑战性。

另外，在销售规划层面，线上线下的订单和会员信息打通后，线上线下的营销和供应链规划可以整合。线下门店的数据可以回流到线上，也可以丰富线上消费者的画像。阿里巴巴的想法是通过大数据解决影响供应链效率的问题。而要做好这一点，需要足够的数据沉淀、大数据技术和 AI 技术。阿里巴巴的优势恰在于此。

整个供应链平台包括生产、销售、仓储、配送环节，基于大数据和 AI 技术，阿里巴巴建立了一系列的算法模型，包括销售预测模型、品类规划模型、动态定价模型、仓库分布模型等，形成了阿里巴巴智慧供应链平台的核心竞争力。

第 9 章

智慧采购技术及应用场景

　　智慧采购是从供应链的角度对采购管理进行流程优化与策略制定，同时将 5G、大数据分析及区块链技术与物资采购各环节相结合，形成的现代化物资采购模式。与智慧供应链相同，智慧采购协同化、可视化、数字化的特点能够解决现有采购中监管缺失、供应商资格审查、履约跟踪等方面问题。结合 5G、大数据分析和区块链的技术特点，我们可以对采购各环节进行场景设计，并为企业物资采购智慧化提供指导。

9.1　5G 及其应用场景

　　5G 的全称是第五代移动通信技术。当前，各国 5G 商用布局的发展已经进入新阶段。例如，2019 年 6 月，中国工业和信息化部向中国电信、中国移动、中国联通、中国广电发放 5G 牌照；10 月 31 日，中国三大网络运营商公布 5G 业务套餐，11 月 1 日正式推出 5G 业务套餐。又如，2018 年 12 月，SK、KT、LGU + 在韩国部分地区同步推出 5G 业务，这是全球新一代移动通信业务首次实现商用。5G 之所以被寄予厚望，是因其极高的数据传输速率和极低的时延，节能、低成本、应用支持等优势使其可靠性更高。未来，5G 的应用场景将逐步扩大，且可能促进整个社会效率的提升。

　　5G 相对于 4G 等技术而言，具有高速率、大容量、低时延的特点。5G 以用户体验速率为重要的指标，将用户体验速率提高到 Gbps 级。其基本特点是用户在每个场景中都能体验到 100Mbps 的网速；为部分热点区域用户提供极高的流量密度；连接以保证终端低功耗、低成本；达到毫秒延迟和接近 100% 的业务可靠性；实现全球单一标准。5G 在 4G 的基础上，统一了技术标准，具有"自由切换""高速传输""云控制""低功耗"等优点。

根据国际电联（ITU）对 5G 的愿景，5G 将主要面向三大应用场景：增强移动宽带（enhanced Mobile Broadband，eMBB）、超高可靠低时延通信（Ultra Reliable and Low Latency Communications，URLLC）和大规模物联网（massive Machine Type Communications，mMTC）。

eMBB 是 5G 的第一个商用应用场景，也是核心应用场景。主要面向超高清视频、虚拟现实（VR）、增强现实（AR）、高速移动互联网等大流量移动宽带应用。它是 4G 移动宽带场景下 5G 的增强版。单用户接入带宽可达到与目前固网宽带接入相近的水平，接入速率提升数十倍。在手机上看高清视频不用等很久，10 秒内即可下载。用户可以在乘坐高铁或飞机之前临时下载，用以在交通工具上没有网络的情况下享受个人的影音时间。

mMTC 主要面向物联网等应用场景，以感知和采集数据为目标。它具有小数据包、海量连接、基站间合作较多的特点。连接数将从亿级跃升至千亿级。随着物联网的发展，mMTC 的应用将逐步增多。目前，可以预见的具体应用场景包括智能家居、智慧城市、智慧农业等。

URLLC 主要面向垂直行业的特殊应用场景，如车联网、工业控制、远程医疗等。要求 5G 的无线和承载网络具有低时延和高可靠性。例如，自动驾驶随着 5G 的普及，在信号接收、反馈、处理及再反馈上将会更加安全稳定；机器人随着 AI、深度学习的发展，将会更智能、更普遍，更高的网络信号传输能力使其能够完成更复杂的指令。

在智慧供应链建设中，5G 目前主要有物流智能化和物资信息追溯两大应用场景。现代信息技术和供应链管理技术，是智慧供应链构建过程中应重点融合的技术，其能够有效帮助物流企业内部间与外部间的建设与合作，对供应链实现自动化运转和提高决策的智能化水平具有重要推动作用。在传统的供应链模式中，渗透性不足是一个典型问题，但是在智慧供应链模式中，渗透性将得到较大提升，同时在兼容性和开放性等方面有较大改进，使供应链管理模式能够主动适应区块链等技术的加入。

作为智慧供应链的关键组成部分，5G 能够确保数据的实时传输，同时高带宽特性将与计算机技术一同服务智慧供应链的建设。从技术角度上来分析，智慧供应链将大数据、区块链、人工智能以及云计算等技术综合应用于现有的供应链各环节中，从而不断提高供应链效率。典型的智慧供应链平台模型如图9-1所示。大数据技术为数据提供存储支持，而云计算技术可进一步对数据进行分析和优化。区块链技术可以为智慧供应链提供信用保障，构建基于智慧供应链的信息共享生态圈。人工智能技术则提供数据的可视化和精准化管理，主要负责智能决策，使智慧供应链的每一个环节都能成为动态可控的管理层，构建智慧采购控制中心。物联网技术主要加强智慧供应链组件之间的协同性，有助于物流向整体化、智能化发展。无论区块链、物联网还是人工智能，都需要大量的边缘计算节点，5G作为可海量连接和按需组网的移动通信技术，能够提供稳定的数据交互平台，同时能够提升计算效率。因此，5G既是智慧供应链建设，也是物流智能化必不可少的条件。

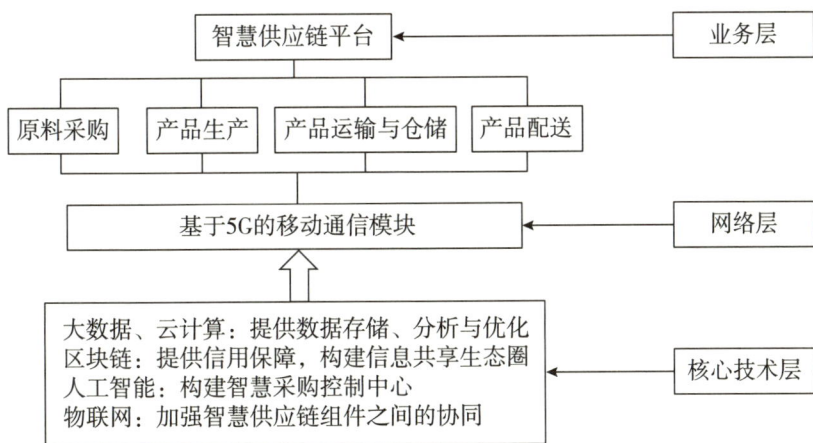

图9-1　智慧供应链平台模型

除物流智能化外，物资信息追溯体系的建设是5G在智慧供应链中的另一关键应用场景。随着我国企业贸易开展范围的不断扩大，物资的跨境流动日益频繁，对物资信息的追溯能够有效消除供应链各方的沟通障碍，提升物资流通效率，同时，对于能源等重要行业而言，物资质量管控尤为重要，物资溯源系统的建立能够为质量管控提供信息支撑，因此，我国亟待借助5G加快建设物资信息追溯体系。物资信息追溯体系能够帮助厂商实现对商品的源头追踪，还可以实现对物流的查询和报表分析。当用户收到物品后或设备出现故障时，通过专用软件或平台，输入相关信息，便可查询该商品的来源信息。从根本上讲，物资信息追溯体系基于物联网技术构建，是一个分布式多节点信息共享链，而5G则是帮助信息共享链实现数据流动的媒介。追溯体系的架构同物联网多层架构类似，也是自下向上构建的多层次结构，如图9-2所示。体系架构一共有5层，每一层都设置相关协议保证数据传输的安全性。

底层的感知层通过常用的数据采集设备，采集各类产品信息有关数据。中间层是一些采集设备的通信中间件。网络传输层主要使用5G通信网络和物联网技术对中间层读取的数据进行传输。数据层包括商品在运输过程中涉及的海关、国内外物流供应商、消费者、用户企业、生产商、分销商、质检机构、物流人员、质检人员等相关物流信息数据。通过应用层将检索到的数据进行统计分析和可视化，使管理者、消费者和物流过程中的相关工作人员能够全面监控物流的数据信息，实现对物流信息的追溯和反馈。追溯系统利用5G海量连接的优势，利用大量的终端智能读取设备来记录物流数据。边缘服务器可以利用5G网络采集终端的数据。数据中心负责收集信息。上层应用根据数据信息绘制可视化场景，为管理层和用户的精准决策提供参考。

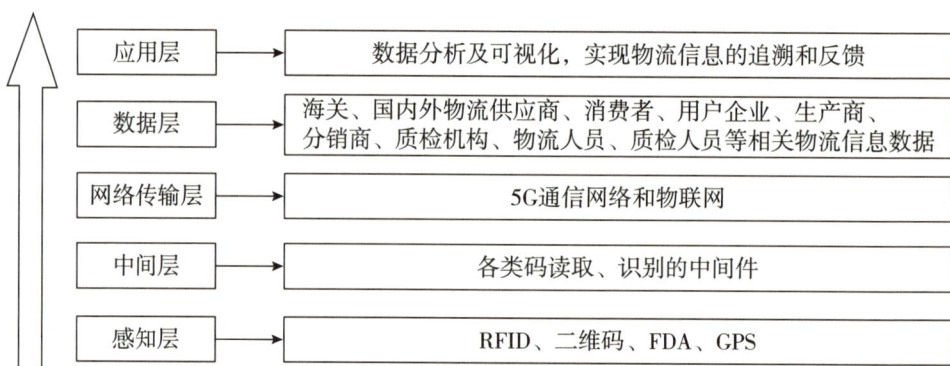

图9-2　物资信息追溯体系架构

9.2　区块链技术及其应用场景

区块链技术是一种新型的分布式基础设施和计算方法，它利用区块链数据结构来验证和存储数据，利用分布式节点共识算法来生成和更新数据，利用密码学技术来保证数据传输和访问的安全性，利用自动脚本代码组成的智能合约来编程和操作数据，其本质是一种分布式数据库。它的历史可以追溯到分布式分类账技术，并作为一种管理比特币的平台而流行起来。

与大多数现有信息系统设计思路不同，区块链技术是一种新的计算和信息流范例，其具有去中心化、开放性、自主性和信息不可篡改的特点。

去中心化：由于采用分布式计算和存储，没有集中的硬件和管理组织，任何节点的权利和义务都是平等的，系统中的数据块由整个系统中具有维护功能的节点来共同维护。

开放性：系统是开放的。除交易各方的私密信息被加密外，区块链的数据是对所有人开放的。任何人都可以通过开放的接口查询区块链数据并开发相关应用，整个系统的信息高度透明。

自主性：区块链采用基于共识的规范和协议（如公开透明的算法），使整个系统中的所有节点都能在可信的环境中自由、安全地交换数据。使得对"人"的信任变成了对机器的信任，任何人为的干预不起作用。

信息不可篡改：一旦信息被验证并添加到区块链中，它将被永久存储。除非系统中 51% 以上的节点可以被同时控制，否则单个节点对数据库的修改是无效的。因此，区块链的数据稳定性和可靠性极高。

作为一个公开透明、难以篡改的分布式账本，区块链以其特殊的点对点网络价值传输系统为核心，从根本上解决了多代理参与的信任问题。根据 Gartner 的预测，2019—2021 年将是区块链技术发展的黄金时代，区块链技术将逐步投入应用。Melanie Swan 根据区块链的发展应用情况，将其分为 4 个阶段，并深刻阐述了区块链去中心化带来的技术融合以及大协作应用的发展潜力。区块链演进阶段如图 9 - 3 所示。

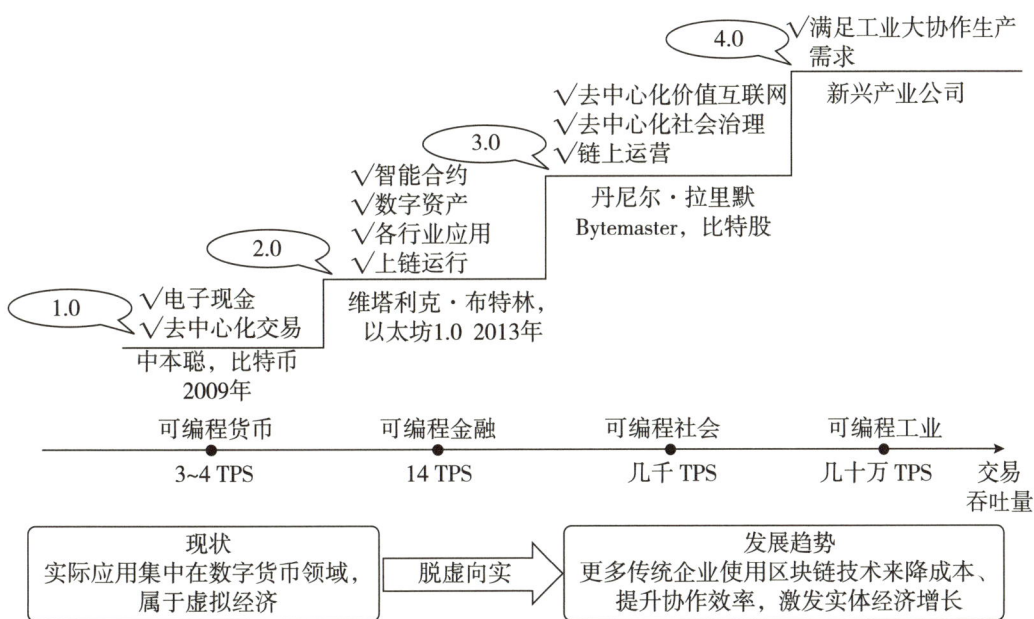

图 9 - 3　区块链演进阶段

注：TPS 为 Transactions per Second，服务器每秒处理的事务数（吞吐量）。

区块链 1.0 阶段，即可编程货币阶段。区块链早期阶段的应用核心是货币，重点实现"数字货币"的交易和支付功能，注重交易双方的便捷性和安全性。区块链2.0阶段，即可编程金融阶段。随着应用类型和范围逐渐拓展，此阶段的关键应用主要趋向于金融服务领域，利用智能合约开拓发展债券、养老、集资等行业。区块链3.0，即可编程社会阶段。此阶段的应用类型主要是解决社会领域的公平公开问题，基于去中心化安全可信的基础，涉及较多需要价值存在证明的行业，例如投票、公证和知识产权保护等。区块链4.0，即可编程工业阶段。区别于区块链3.0的多种商业应用模式，本阶段主要强调满足工业大协作生产需求，应用于相对大规模的项目合作和多种技术的深度融合。

在智慧供应链建设中，区块链技术不但可以独立发挥作用，也可以与5G等技术交叉融合，为应用场景提供数据保护能力。5G时代的海量连接及高速传输导致计算和存储将由智能终端和边缘计算节点来承担，这对数据的保护能力提出了更高的要求。区块链的去中心化、防篡改、可追溯等技术特点，天然适合对数据保护要求较高的场景。以区块链为代表的应用密码学技术将重构网络安全边界，建立设备间信任域，实现安全可信的互联互通。同时，终端去隐私化的关键行为信息上链后，分布式存储在区块链的各个节点，保证数据的完整性和可用性，推动智能协同安全防护体系的建设。终端数据分布式存储在区块链各节点，可以防止原中心数据库中的数据被黑客篡改、窃取，甚至中心数据库管理者从数据中获取非法利益。

在智慧采购模式的构建中，区块链技术能够应用于企业采购过程中的供应商绩效评价、供应商信用评价以及智能合约等方面。

区块链技术应用于供应商绩效评价，能够提升评价的准确度，为物资采购决策提供可靠支撑。企业往往把供应商绩效评价作为保证物料质量的手段之一，在产品设计、生产制造、性能协调、现场服务、运行维护、报废等全生命周期各阶段对供应商绩效进行评价。由于绩效评价内容多、链条广、设计环节多，各环节的评价数据不完全透明，因此信息采集难度大。通过区块链技术的应用可以在采购人和供应商之间建立一个透明的信息平台。采购人对产品的质量要求，以及供应商供应的产品从工厂制造到现场安装，再到最终运营和售后的全生命周期信息都可以在信息平台上公开查询，从而保证信息的透明性，促进供应商进一步提高产品质量，进而对供应商的绩效做出合理的评价，提高物料质量的可靠性。

在采购过程中，应用区块链技术可以提高供应商的信用水平，减少供应商出现不良行为、不诚信行为和贿赂行为的可能性。不良行为一般指供应商在履约过程中出现的不按时交货、服务不及时、质量缺陷等问题；不诚信行为指供应商在参与报价过程中出现的违法不诚信行为；贿赂行为一般指供应商的行贿行为。由于平台之间的信息流不畅通，这些信息在供应商资格审查时无法一一核实，不利于供应商信用水平的提升。基于区块链技术，建立供应商诚信体系，将供应商的不良行为、不诚信行为、贿赂行为等方面的信息采集到网络中，并对每个供应商设置唯一编码，使信息能够长期保存、不可篡改且公开透明。这样不仅便于采购方及时获得真实可靠信息，提高供应商资质审查效率，也可以促使供应商进一步提升信用意识，有助于全方位提升物资采购水平。

在物资采购合同签订方面，基于区块链技术订立的智能合约能够大幅缩短合同签订所需时间，在保证采购可靠性的同时提高合同流转效率。当前，在完成采购流程后，采购人与供应商应签订采购合同，供应商根据合同要求生产、运输物资至交货地点，采购人收货后根据合同要求支付货款。在实际操作中，采购人与供应商一般在中标（成交）通知书发出后三十日内完成合同签订，中标（成交）通知书发出与合同签订存在一定时间差。在供货期间，采购方无法实时掌握货物的生产和运输情况；收货后，采购方需要进行一系列的线下验货和系统录入，付款时间与收货时间存在一定的时间差，物资供应链管理存在一定的滞后性。基于区块链技术的智能合约，可以在线上完成招标、采购和合同签订。通过信息流的自循环，采购人和供应商可以在出具验收函后自动在线签订合同，提高了供应链的运行效率。通过区块链建立统一信息平台，采购方可以同时获得各种透明可靠的信息，实时查看货物的生产、检验、运输状态，对货物的生产、运输全过程进行追溯，保证货物的质量和数量。承运商可通过扫描二维码证明货物到达指定区域，并自动预收约定费用，实现商品流与资金流的同步，进一步提高资金运转速度，形成买卖双方共赢的局面，全面提升物资供应链管理的质量和效率。同时，结合智能合同技术，在采购流程完成后，每个采购项目的相关数据将自动同步，实现合同的自动签订和公示信息的自动发布和流通，实现各平台的自动流转交互，减少人为操作，可进一步提高采购全流程速度，提升采购各环节质量。基于区块链的交易平台信息流自动流转时，交互信息纳入审计监督，可实现全程实时在线监督。

此外，区块链技术还可以与其他技术相结合，提升供应链中采购环节的效率与质量。例如，将射频识别（RFID）与区块链技术相结合，能够准确跟踪产品并对产品的使用状况进行记录，同时将相应的数据储存于企业的信息系统中，当企业采购相似产品时，通过大数据分析技术，决策者能够清楚地看到各产品间的质量水平差异，从而择优进行采购，减少决策时间，提升决策质量。

9.3　大数据分析技术及其应用场景

"大数据"一词最早是由 Cox 和 Ellsworth 提出，他们指出，计算机系统面临的挑战是数据集通常很大，这给计算机带来了内存负担，他们称之为大数据问题。但由于时代背景不同，这一大数据的定义受到一定限制。随后，学者们从价值、有效性、准确性和可见性等多维度对大数据的定义进行了完善。目前，大数据的定义是指海量的、高速增长的、多元化的信息资产，需要新的处理模式才能有更强的决策力、洞察力和流程优化能力。维克托·迈尔-舍恩伯格及肯尼思·库克耶在《大数据时代》中总结了大数据的 5V 特点，即 Volume（大量）、Velocity（高速）、Variety（多样）、Value（价值密度）、Veracity（真实性）。

大数据分析是指在一定时间内对无法用传统方法进行抓取、管理和处理的数据，利用数据集成管理、数据存储、数据计算、分析挖掘等方面的核心关键技术，实现面向典型业务场景的模式创新及应用提升。其定义尽管与商业分析、主数据管理具有相似之处，但就信息来源和类型上稍有区别（见图 9-4），大数据分析的数据来源更广泛、类型更多样，通常包括以下三类。

（1）交易数据：企业内部系统数据［如企业资源计划（ERP）系统数据］。

（2）人为生成数据：人为产生的非结构化数据（社交媒体工具如微信、微博、QQ、Twitter、Facebook 等的数据）。

（3）传感器数据：由传感器采集的数据（如物联网中的数据）。

在供应链管理中，大数据分析技术能够对供应链中产生的历史数据进行深度分析，从而根据需要更好地进行供应链主体间的协调，实现主体间的高效沟通，提升供应链的敏捷性。而在智慧供应链的建设中，增强供应链信息的可视性是当前物资供应链大数据应用的热点。

从物资供应链全流程管理的角度来看，大数据在物资供应链中的应用有三个潜在方向。一是供应链的效率分析。根据需求报备、招标采购、库存管理、物资配送、废品处理等不同的供应链环节，基于物资供应链各阶段的业务时效性和资源利用率进行综合业务效率分析。根据分析结果，得到供应链的响应效率因子和改进建议。

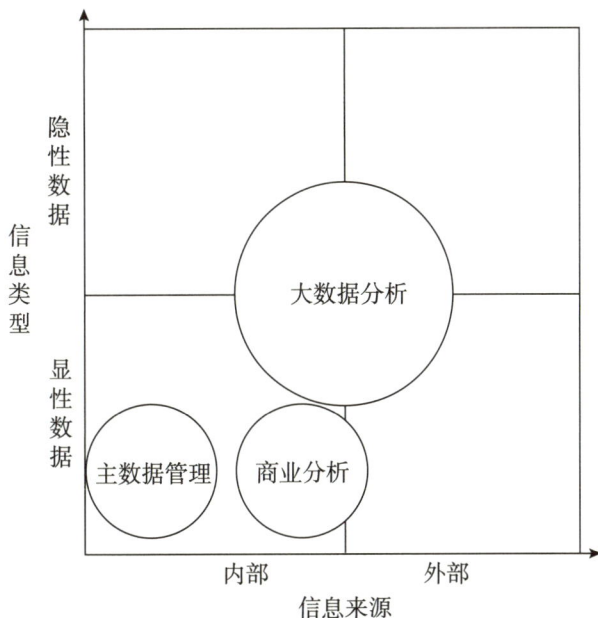

图 9 - 4　大数据分析技术的定义范畴

二是供应链效益分析。综合考虑供应链的采购成本、库存成本、管理成本、供应链的信息化水平、物资集约化效应等因素，分析供应链各业务阶段的成本和收益，根据分析结果，找出业务改进的关键点，降低供应链的成本。三是供应链预警与监控。从多维度业务监控模型的角度，分析供应链的关键业务环节。

在实际采购业务中，大数据分析技术的应用涉及物资采购的全过程。在采购前，通过一系列的大数据分析点，为物资采购做好基础参考。通过对所采购物资范围和战略物资分类的分析，优化物资分类方法；通过对采购策略和评价方法的分析，确定最优分包策略和评价方法；通过对供应商分级分类管理，对供应商进行综合评价及对标分析，对潜在的供应商及产品信息进行分析，对供应商进行优化选择和快速评价；通过对评价专家的综合评价，为选择专家提供依据；通过将物资分析和采购评价分析相结合，通过对物资类别和采购方式的匹配分析，为各物资类别提供最合适的采购方式。采购完成后，通过一系列的大数据分析点，总结分析物资采购的规律。总结分析重点物资的报价规则，优化价格评分公式；通过对采购完成率的分析，总结分析采购结果；通过对供应商行为数据的分析，判断出涉嫌违规的行为，为采购风险提供预警。大数据分析技术应用业务模块如图 9 - 5 所示。

物资分析	采购评价分析	供应商分析	专家分析
采购物资范围分析	采购策略分析	供应商分级分类管理	
战略物资分类	评价方法分析	供应商综合评价	
		供应商对标分析	

物资类别与采购方式匹配分析　　潜在供应商及产品信息分析　　评审专家综合评价

重点物资报价规则分析　　采购完成率分析　　供应商行为分析

采购质量分析

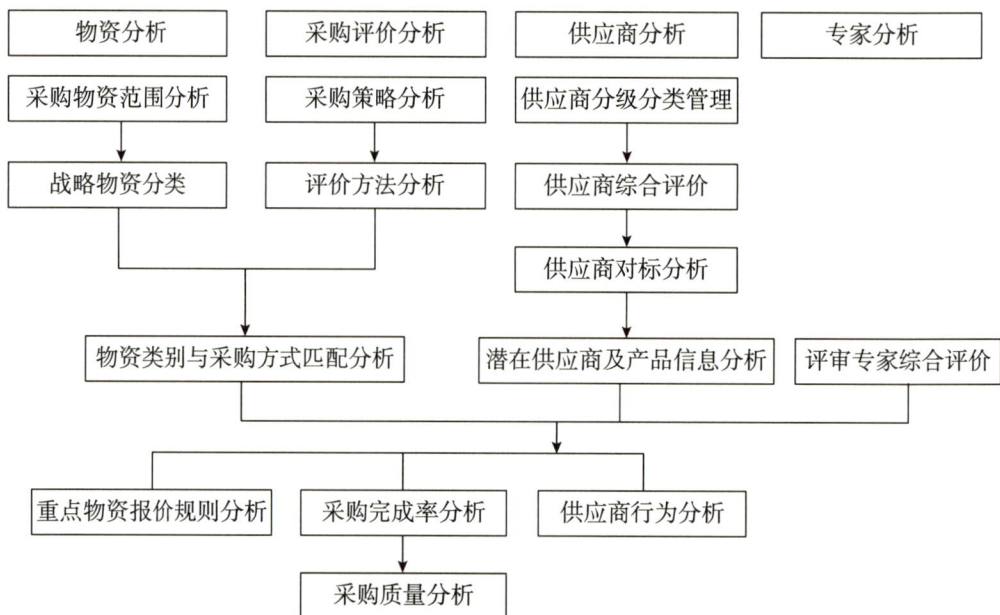

图 9 - 5　大数据分析技术应用业务模块

第 10 章

企业物资采购智慧化提升路径

场景搭建是实现智慧采购的首要步骤，在根据采购环节完成场景搭建后，我们将进行采购智慧化转型路径设计，为智慧采购的进一步落地提供方法。在进行路径设计时，首先，为企业物资采购智慧化转型的基础构建，提出相应业务模块改进建议；其次，设计出企业采购全流程智慧化运作方式；最后，从智慧供应链管理的角度构建起物资采购生态系统，支撑企业全面实现物资采购的智慧化转型。

10.1　基础夯实

企业进行物资采购智慧化转型的首要步骤是各业务模块的数字化转型，通过将大数据分析、5G 和区块链技术与各业务模块相结合，实现业务流程数字化、可视化，增强业务执行的敏捷性，为智慧化转型打下坚实基础。

在这一阶段，企业首先需要结合实际业务需求，从战略层、管理层和执行层三个层级，确定智慧采购主要业务模块（见图 10 - 1），其中，战略层以预警监控为重点，管理层以效益分析为重点，执行层以效率分析为重点。在此基础上，从计划管理、采购管理、评标（评审）管理、合同管理和供应商管理五个环节入手，设计相应业务模块技术应用方法。

计划管理环节。企业采购计划的上报因采购实施模式的不同而略有差异，对于集中采购而言，企业的采购计划上报往往有固定的时间节点，计划管理难度相对较小。而分散采购与集中采购相比，多为小金额、多品种的采购，需求计划上报时无固定的时间限制，灵活性较高，导致需求在时间和数量上较为分散，采购成本增加，单次采购议价能力降低，提升了企业计划管理的难度，制约了企业物资采购实现精益化。因此，实施对物资需求的高水平、多维度预测，是企业计划管理环节的重点

计划管理	采购管理	评标（评审）管理	合同管理	供应商管理
战略层 采购需求分析	非招标采购业务运营分析	采购廉洁风险管控	供货效益分析	供应商关系管理
管理层 需求预测分析	采购价格分析	评审资格条件设置与评标效率提升	合同履约质量分析	供应商画像系统构建
执行层 采购计划制订	验货入库与订单结算	遴选供应商	合同履约管控	供应商资质审查与供应商日常履约考评

图 10 - 1　智慧采购主要业务模块

业务模块。

采购管理环节。对于招标采购而言，若采购物资数量及金额较大，供应商往往会通过压低报价的形式获取竞争优势，但同时，为保证自身利润，可能会降低成本，对采购质量造成一定风险。对于非招标采购而言，由于每一订单的金额较小，考虑运输成本等实际因素，具有地域优势的供应商报价积极性更高，供应商在市场的支配地位与报价积极性具有较强的反向关联关系，在市场中具有话语权或相对垄断的供应商参与报价的意愿相对较弱，企业在采购过程中对于优质供应商的议价能力较弱，供应商选择余地较小。因此，在采购管理环节，企业需要注重对历史采购数据、供应商中标价格及履约情况的分析，为采购业务的开展以及供应商的选择提供可靠的数据参考。

评标（评审）管理环节。由于企业每年进行的招标采购项目数量众多，因此，采购评标（评审）环节工作量较大，同时人为参与度较高，在评标（评审）过程中，存在脱离采购文件资质业绩要求评标（评审）、废标理由不充分、首选报价人"带病"推荐等现象，增加了采购廉洁风险。因此，在评标（评审）环节中，结合技术应用进行采购廉洁风险管控，并对评审标准进行统一化设置，个性化输出，是本环节的重点。

合同管理环节。合同管理环节不仅是指合同的签订与归档，还应包括合同履约过程中的质量管控，由于采购业务涉及的供应商数量多，对每一订单实行合同履约的全流程质量管控会造成运营成本的增加，与企业实际发展需求不符。因此，在合同管理环节，制定相应的管理标准，结合信息技术的应用，为企业合同履约管理的数字化建立基础。

供应商管理环节。由于企业采购品类杂、标包数量多、采购频次高，因此参与报价的供应商业务涉及范围广，能力素质高低有别，差异明显。对于供货能力有别的供应商，企业需要从供应商关系管理、供应商画像系统构建、供应商资质审查以及供应商日常履约考评几个方面，结合技术手段，进行重点优化，提升供应商管理环节的数字化水平。

为更好地展现物资采购智慧化转型的各环节优化方式，现将各业务模块技术应用方式进行详细描述，如表 10 – 1 所示。

表 10 – 1　　　　　　　　　各业务模块技术应用方式描述

序号	管理环节	具体工作模块	场景描述	主要技术
1	计划管理	需求预测分析	基于历史采购申请数据及库存数据，对物资采购进行时间和数量预测，为批量采购提供参考，为企业合并相似订单、减少采购次数、提升单次采购金额与议价能力提供参考	大数据分析技术
2		采购价格分析	根据历史采购价格、各供应商报价与市场价格的分析，对采购价格进行合理预测，指导采购决策	大数据分析技术
3	采购管理	采购质量管控	对采购物资设置唯一编码，进行产品全生命周期管理，从供应商交货开始对物资使用过程中的检修、更换零部件、故障等情况进行记录，加强对物资的质量抽检，从产品全生命周期的角度进行采购物资质量管控	大数据分析技术与区块链技术
4	评标（评审）管理	报价人资格条件设置与评审条款编制	基于物资品类，分析供应商群体画像中有关资质条件指标现状，合理设置项目的资格条件；根据供应商群体画像中关键指标的变化情况，适当调整采购评审模板中的指标和权重，如某类物资在现有合作企业中生产装备水平较低，建议增加生产装备水平和试验装备水平相关指标的打分权重，以提高该品类供应商在生产装备方面的整体水平	大数据分析技术与区块链技术

序号	管理环节	具体工作模块	场景描述	主要技术
5	评标（评审）管理	供应商评价打分	基于与企业内部历史数据、外部数据信息平台或其他行业内部信息库对接，了解供应商在行业内部参与其他企业投标的信息及履约情况，根据供应商历史投标数据、履约数据对供应商进行评价，供应商部分评分由系统根据供应商评价结果自动给出，固化评审中的供应商评分，减少评审工作量，限制评审专家的自由裁量权，杜绝在供应商打分时的倾向性打分、选择性审查等问题	大数据分析技术与区块链技术
6	合同管理	合同履约管控	对于到货及时性表现较差的供应商，基于物资品类智能化推荐管控策略，提醒给予重点关注，及时提醒物资部门加强供应商产能监控，对关键供应商约谈，督促整改；同时加强与法务、财务部门协同，适当增加合同条款中有关到货及时性的惩罚性条款	大数据分析技术与区块链技术
7		供应商关系管理	基于各物资品类中供应商履约情况与供应商画像，对供应商进行分类，并与优质供应商建立不同等级的合作关系，增强与供应链上下游主体间的沟通，从而减少寻源成本，提升采购质量，降低采购风险	大数据分析技术
8	供应商管理	供应商全息画像	以供应商的静态属性（空间和地理特征等）和动态属性（供应商报价、供应商偏好等）数据为基础，对供应商进行标签化处理，通过大数据分析技术对数据进行分析处理，抽象出一个供应商的特征全貌，从而基于对历史数据的推演，做出归纳性的推理判断，挖掘数据深层价值，预测将来一段时间某项指标的变化趋势，从而帮助企业从宏观的角度了解供应商呈现的特点，将各物资管理环节与供应商画像相结合，将评价结果用于管理改进，整体提升供应商管理质量	大数据分析技术

企业智慧采购模式探索

序号	管理环节	具体工作模块	场景描述	主要技术
9	供应商管理	供应商资质审查	基于与企业内部历史数据、外部数据信息平台或其他行业内部信息库对接，了解供应商在行业内的全貌信息，以此作为供应商资质审查的参考，从源头提升供应商质量，降低采购风险	区块链技术
10		供应商日常履约跟踪	基于物资品类对供应商履约情况进行跟踪，对于重点物资或首次合作的供应商，通过构建远程履约跟踪系统，以视频的形式进行定期的履约跟踪评价；对于非重点物资与长期合作履约情况较好的供应商，进行履约情况抽检，提升对供应商日常履约管理的效率，解决跨区域的供应商履约跟踪问题	5G

10.2 机制协同

在完成对业务模块的数字化改造，构建起企业智慧采购数字化基础后，企业智慧采购转型将步入第二阶段，即企业内各部门与平台间的协同，以及企业与供应商和采购方间的机制协同。在协同机制构建时，企业的着眼点不应仅限于公司内部各流程的协同，还应从供应链的角度出发，与供应链上各主体间建立起协同机制，构建以企业为主体的智慧采购生态圈。因此，可以从四个维度着手构建智慧采购协同机制，即实时供需协同、采购及生态体系协同、以客户和数据驱动的质量体验以及人才和变革文化，如图 10-2 所示。

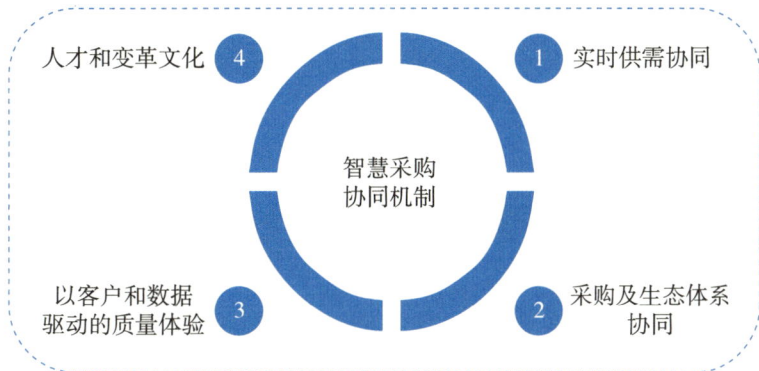

图 10-2 智慧采购协同机制构建

实时供需协同。供需协同侧重于打通信息流通渠道，使数据在各主体间高效流动从而减少"牛鞭效应"带来的供应链浪费。非招标采购具有时长短、便捷高效的优势，能够很好地满足需求量小，采购时间紧的采购需求。这一特点既是非招标采购的优势所在，又是非招标采购效率提升需要解决的重点问题，由于上报时间无限制，需求较为分散，为企业需求管理和采购议价增加了难度。因此，以交易系统作为平台，将需求信息在系统中进行展示并实时更新，能够加快物资需求信息在系统中的流动速度，增强企业与采购方、供应商之间的协同。联想公司在供应链数字化转型的过程中，运用信息平台向供应商实时展示需求信息及企业对未来数月需求的预测结果，使一级供应商在备货时将备货量由实际需求的 120% 降低至 110% 左右，同时也减少了二级和三级供应商的备货量，根据 2018 年联想公司数据统计，这一做法为整条供应链减少约 70 亿美元的资源浪费。因此，加强信息平台建设，使实际需求信息与企业对未来一段时间需求的预测结果能够及时传递给供应商，同时，与供应商建立库存信息共享机制，使企业能够及时了解供应商的供应能力，从而合理安排采购活动。实时供需协同的目的在于提升供需信息在供应链中的流动速度，让信息双向流动，以减少信息流通不畅带来的"牛鞭效应"，减少供应链资源浪费，是物资企业实现智慧采购的首要步骤。

采购及生态体系协同。采购及生态体系的构建侧重于物资企业与采购方、供应商三者之间的利益协同，通过构建利益共同体的方式将各方置于同一生态体系中，体系内部各方是利益共同体，通过分配机制的构建实现合理的利益分配，共担风险与成本，从而减少生态体系内部的资源浪费，提升供应链绩效。同时体系的兼容性能够随时容纳新的外部供应商加入生态体系，从而构建起具有敏捷性与适应性的采购及生态体系。对于以非招标采购作为主要业务的物资企业而言，构建采购及生态体系协同机制，一方面能够进一步降低供应商流动性大、素质高低有别、合作周期不稳定等问题造成的供应风险，另一方面能够解决需求频次高、单次采购量小带来的议价能力弱、采购成本和风险高的问题。采购及生态体系协同能够为物资企业、采购方以及供应商三方提供一个相对稳定的供需环境，因此企业无论是在进行采购议价还是供应商管理方面都可形成规模效应，从而在保证采购质量的同时降低采购成本，提升采购效率。

以客户和数据驱动的质量体验。与日常消费品采购有所不同，能源企业进行的非招标采购，其物资往往用于工业生产，物资的质量常与行业的安全、生产的稳定息息相关,因此需要对物资质量进行更为严格的管控。由于非招标采购小、杂、多的特点,没有相应的技术手段支撑,难以对物资质量进行追溯,通过区块链技术的应用,构建起对物资的精准追溯体系,使物资流动数字化,并通过大数据分析技术让产品"说话",进行端到端可视分析,从而为企业提升采购质量、优选供应商、做好智能决策提供数据参考与经验,以数据为驱动,综合考虑采购方的质量体验,不断提升物资企业作为专业采购机构的采购水平。

人才和变革文化。技术的应用、协同机制的建立,侧重于强化企业在物资采购智慧化转型中的硬件支撑,除此之外,企业同样需重视"软实力"的培养,打造一支理念先进、素质过硬、态度严谨的采购团队,是企业物资采购智慧化转型的有力保障。通过为员工宣贯智慧采购的管理理念、根据业务内容设立岗位、制定清晰的岗位责任说明、构建相匹配的绩效考核与薪酬管理体系,将智慧采购的理念传递给团队中的每一位员工,用制度将智慧采购中的各项标准固化为管理流程,有利于企业内部的人才培养,打造变革文化,使企业在物资采购智慧化转型过程中,拥有强有力的人力资源支撑。

10.3 增长引擎

企业实现物资采购智慧化转型的最终目标是实现供应链可视化、数字化的同时,使供应链中的数据流动能够成为企业绩效提升的引擎,构建起智慧采购生态系统,并将企业打造成连接采购方和供应商的智能决策中心,从供应链的角度出发做出最优采购决策。因此,企业需要从供应链的角度全面布局构建智慧采购生态系统,具体可分为预测到供应、订单到结算和产品生命周期管理三个层面(见图 10 - 3)。

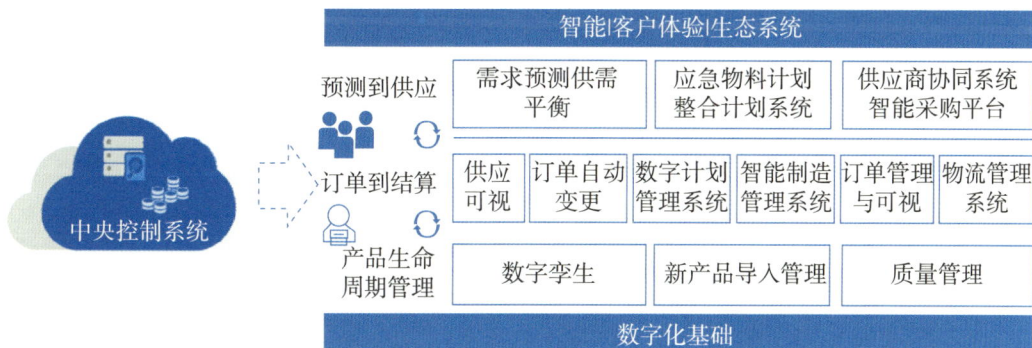

图 10 - 3 智慧采购生态系统架构

在智慧采购生态系统中，数据作为重要的生产力，其质量往往决定了最终的采购决策水平，因此，实现实时的数据更新、保证数据的准确性和唯一性、加强数据治理，是企业物资采购智慧化转型的基础。同时，以高质量的数据连接供应链中的各主体，实现供应链端到端的全链覆盖，以全局视角设置关键控制点，是智慧采购生态系统实现全局协同的关键。

企业需要从运营管理的角度对系统的运营实施闭环管理，具体而言可分为四个部分。一是善用运营看板，将业务情况实时显示在系统平台中，按照常用的业务分析维度对数据分析结果进行展示，帮助管理层进行决策。二是进行旅程分析，通过对物资数据的分析探究管理问题的产生原因，并根据分析结果提出问题改善建议。三是完善故障管理，通过对系统上报的故障物资的痕迹追踪，分析相应的物资故障原因，并给出相应的解决方案，在故障排除后，进行相关数据的记录与分析。对一段时间内出现问题频率较高的物资，从多维度进行原因排查，并相应给出解决方案。四是闭环执行流程，使平台间数据及业务信息自动关联，按照业务流程设置完成相应指令，在完成一个工作循环后，自动进入下一个工作循环。

综上所述，智慧采购生态系统就是从 360 度去感知、监控、发现并解决问题（见图 10-4），将物资在各主体间的流动转化为数据在平台间的交互，从而实现供应链的可视化，降低供应链风险，提升供应链敏捷性与适应性。未来已来，企业作为连接采购方与供应商的重要节点，不仅需要提升采购团队业务能力，也应具备全局视角，提升数字分析能力，为智慧采购决策提供有力支撑，同时转变对自身定位的认知，从被动型采购转变为主动型采购，成为物资采购的智慧决策大脑。

全面感知、监控、发现并解决问题

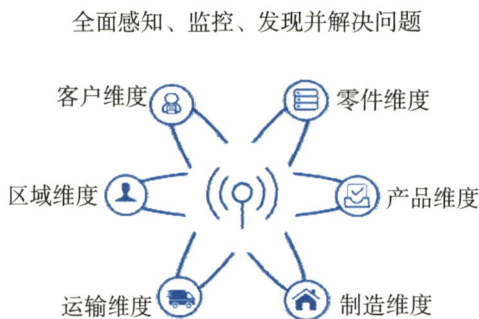

图 10-4　智慧采购生态系统

第四篇

企业智慧采购实践

　　前几篇在时代背景变革和能源革命大背景下，将企业采购管理理论与新一代信息技术相融合，进行了企业智慧采购模式深入探索。本篇以国家能源集团物资有限公司（以下简称"物资公司"）智慧采购具体实践为例，详细阐述了物资公司从传统采购、电子采购到智慧采购的发展历程，为国有大型企业探索智慧采购和现代供应链建设提供借鉴。

第 11 章

概述

本章从物资公司创立背景、组织体系、管理体系三个方面开展简要的介绍，便于读者更好地理解物资公司在智慧采购方面的探索方向及其背后深层次的原因。

11.1 创立背景

国家能源集团是经党中央、国务院批准，由中国国电集团公司和神华集团有限责任公司两家世界 500 强企业合并重组而成，于 2017 年 11 月 28 日正式挂牌成立，是中央直管国有重要骨干企业、国有资本投资公司改革试点企业，2020 年世界 500 强排名第 108 位。集团拥有煤炭、火电、新能源、水电、运输、化工、科技环保、金融 8 个产业板块，是全球最大的煤炭生产公司、火力发电公司、风力发电公司和煤制油煤化工公司。2020 年，国家能源集团煤炭产量 5.3 亿吨，煤炭销量 7 亿吨，发电量 9828 亿千瓦时，铁路运量 4.6 亿吨，两港装船量 2.5 亿吨，航运量 1.67 亿吨，化工品产量 2548 万吨。

国家能源集团物资有限公司于 2019 年 10 月 10 日由原国电物资集团有限公司、神华物资集团有限公司重组成立，是国家能源集团物资管理相关工作的专业执行机构和非招标采购代理机构。

物资公司成立以来，始终坚持以党的政治建设为统领，秉持为项目单位控成本、降造价、提效能、防风险的发展理念，紧紧围绕国家能源集团"聚焦一个目标、打造三型企业、推进五化发展、实现七个一流"总体发展战略，深度融合互联网 +，运用云计算、大数据等信息技术，创新建成国能 e 购电子采购平台，推动形成党建统领全局、科技引领战略、人才支撑发展的完备物资供应保障体系，引领行业改革方向。物资公司 20 余项理论和实践获得全国电力行业、公共采购、电子商务领域创新成果奖，是中央企业电子商务联盟、中国设备监理协会等的副理事长单位。

11.2 组织体系

经过多年的发展，物资公司逐步形成了以在京 12 家专业公司为中心，以分布全国主要省市的 13 家区域配送中心为多点支撑的，辐射全国的物资采购与配送保障体系。

中心布局：物资公司本部设立在北京，主要负责公司业务顶层设计、制定发展战略、统一调配资源、规划业务路径、协调机构业务等工作，是物资公司的核心所在。同时，物资公司以集团级集中采购为切入点，在京成立多个专业公司，形成集群式综合性服务中心，负责集团本部、在京子分公司及所属企业的集中采购业务，并为此提供相应的技术、平台和服务支撑。其中，由两家专业机构负责集团本部及在京各子分公司的非招标采购业务；跨境电商采购中心负责集团企业批次集中采购、进口物资集中采购、跨境电商和保税库等涉外业务；物贸公司负责集团工业油品集中采购业务；北京配送公司负责运营国能 e 购商城业务；采购支持中心负责集团物资主数据、供应商使用和评价、供应商失信行为管理、采购数据分析挖掘及智慧采购场景应用等方面的工作；商务网公司负责国能 e 购电子采购平台的建设、运维以及技术支持工作。

多点支撑：为进一步服务集团各采购单位，满足业务实际需求，物资公司本着"贴心服务、同频共振"的服务理念，按照集团各产业板块及所属企业的地理位置及布局情况、业务规模大小和产业特点，在全国多个地方成立区域配送中心（公司），充分发挥地域优势。区域配送中心（公司）的设置既有跨省级的，如华中、华东、南方、西南等地的区域配送中心；也有单独省份的，比如山东、河南、内蒙古等地的配送公司；还有业务规模较为集中的地区级的，比如鄂尔多斯、银川采购中心等。区域配送中心（公司）能够与子分公司及所属企业保持近距离的充分沟通，及时理解需求、管理需求，使采购业务得以顺畅实施。

"中心布局，多点支撑"组织体系既是基于国家能源集团产业布局"点多面广"特点而构建的，也是根据集团公司所有采购项目集中于同一平台和同一采购机构的管理需求而设置的，使业务布局更合理、经营基础更稳健、服务保障更可靠，是物资公司的核心竞争优势之一。

11.3 管理体系

管理体系是物资公司开展采购业务、实现企业价值的管理理念和组织方法，是形成物资公司核心竞争力的关键。如图 11 – 1 所示，物资公司管理体系由非招标采购体系、电商运营体系和技术支持体系三部分构成，相辅相成、互为支撑，构建成一个有机整体。

图 11 – 1　物资公司管理体系

11.3.1　非招标采购体系

国家能源集团实行采购"100% 集中、100% 上网、100% 公开"的集中管控策略，管控范围涵盖了所有以合同方式有偿取得的物资、工程和服务，物资公司作为国家能源集团唯一指定的非招标采购机构，必须依托一套完备的非招标采购体系，为全集团提供高效、便捷的采购保障服务。

物资公司的非招标采购业务分为两个部分：一是以采购人角色代表集团公司实施集中采购，整合全集团的需求计划（含预测需求），制订并执行集中采购方案；二是以采购代理机构角色代表集团公司向各子分公司及基层企业提供采购代理服务。

为确保各业务在实际操作方面得以有效落地、在开拓创新方面得以有效激励、在风险防范方面得以有效控制、在后勤资源方面得以有效保障，物资公司构建了完备的非招标采购体系，主要由五个方面组成：完备的制度规范体系、统一的流程设计体系、标准的采购业务体系、科学的指标评价体系、严密的监督检查体系。

完备的制度规范体系。物资公司在遵循国家能源集团采购管理系列制度的基础上，针对公司采购业务建立健全完备的制度规范，制订了内部需求采购、所属单位作为采购人的采购、国能 e 购商城铺货、采购监督、供应商管理、评审专家库、采购服务费收取、远程评审、智能预警、评价指标、全流程标准等 20 余项管理制度和应用办法。

统一的流程设计体系。国能 e 购电子采购平台根据国家能源集团制度和物资公司内部制度要求，制定了标准化的业务工作流程，让业务环环相扣，强调每一环都有责任主体，每一环都有标准时间，每一环都有职能监督，每一环都有权限隔离。

标准的采购业务体系。物资公司按照国家能源集团要求以及自身的业务发展需求，开始推进建立非招标采购业务标准化体系，在标准化的实施过程中进一步推动物资和采购管理水平提升。物资公司的标准化体系由数据标准化、文件标准化和操作标准化三部分构成。数据标准化，主要对物资主数据和供应商主数据进行统一。文件标准化，主要对非招标采购商务文件范本、技术文件范本和不同采购方式场景的评审报告进行格式化。操作标准化，包括非招标采购全流程操作标准、电商铺货采购全流程操作标准、物资管理业务全流程操作标准等，将这些内容编辑成册，形成《物资与采购业务全流程标准文件》。

科学的指标评价体系。自 2015 年全集团实施非招标采购集中管控以来，国能 e 购电子采购平台作为统一的非招标采购服务平台，积累了大量的业务数据。为了进一步提升采购服务质量，用数据说话、用指标导向，2019 年物资公司对部分关键业务数据进行提炼、归纳和分析，构建了"非招标采购评价指标体系"。该体系立足于非招标采购上下游，全流程、全方位地进行整理和统计，从中梳理出 22 项具有典型指导意义的指标，再将这些指标按其可参考性和重要性分为"对标、关注和内控"三个层级。评价指标体系随着集团公司制度的改进和变革，也在不断进行完善、更新和补充，使其更加具有业务指导性，体现了管理者的思路。

严密的监督检查体系。物资公司作为承担国家能源集团非招标采购服务的代理机构，近几年随着采购规模和范围的不断扩大，采购领域的廉洁风险防控工作也被作为采购管理领域的重中之重。为确保所属各单位能认真落实相关制度，规避采购风险，物资公司建立了严密的监督管理机制。首先，通过国能 e 购电子采购平台固化采购制度、流程，降低人为因素干扰，如供应商报价截止前，采购经理仅能看到参与供应商数量，既看不到具体的供应商名称也看不到供应商的报价响应情况；评审过程中，如果没有得到评审小组大多数专家的线上同意，供应商的报价无法被否决；评审专家必须由专家管理系统采用随机抽取的方式产生，特殊项目需要指定专家的，必须履行审批程序等。其次，建立辅助工具，比如智能评审预警系统，通过数据挖掘分析，有效识别隐藏的串围标行为，并通过系统及时记录采购人员对预警信息的核查情况，降低采购人员随意性，堵塞管理漏洞。为保障监督检查工作落到实处，物资公司还建立专项检查和随机检查机制。专项检查一般以年度为单位，针对采购业务问题进行全方位的检查。随机检查机制则是物资公司采购管理部采用"双随机、一公开"的原则每月通过平台对各分支机构的业务进行随机抽查，将抽查中发现的不合规情形在"采购月报"中以问题形式公布，一方面督促问题单位加强整改，另一方面对其他单位起到信息共享和业务警示的作用。通过电子化监督方式，实现"交易合规、过程监控、操作留痕、永久追溯"，有效规范采购行为，防止人情采购、暗箱操作、指定采购等违规行为，避免了业务运作过程中可能出现的随意性和倾向性。形成采购人、采购代理机构、采购管理机构、供应商等多主体参与，"分权设立、多方制衡"的管理格局，实现"隐蔽的权力公开化，集中的权力分散化"，有效防控廉洁风险。

11.3.2　电商运营体系

物资公司于 2017 年建设国能 e 购商城，打造能源领域独具特色的专用工业品 B2B 电子商务平台。商城涵盖通用物资采购和能源专用工业品采购，为企业提供"线上 + 线下"全方位的采购服务。商城的运转涉及铺货、采购、物流、结算、售后等多个环节，需要一套职责清晰、运转高效的运营支撑体系。在深入研究电子商务发展形势、发展趋势的基础上，物资公司设计了适应公司业务实际，契合公司长远发展需要的电商运营体系。电商运营体系由铺货管理子体系、协同运营子体系、精准服务子体系和质量价格监督子体系四部分构成。

铺货管理子体系。国能 e 购商城一直坚持"早铺货、多铺货、铺好货、快出货"的原则，建立商城铺货计划管理机制，强调以需求为导向，推进商城供给侧改革，并进行充分的市场调研，统筹谋划商品铺货品类及销售范围。规范铺货采购策划、明确采购流程、制定采购标准，构建管理规范化、操作精细化、技术标准化的铺货采购管理体系，防范采购风险。坚持"端对端"的主渠道采购，减少服务层级，实现采购成本切实降低；坚持商品质量控制，强化商品全生命周期成本管理，实现商城采购的提质增效；扩大商品丰富度，上架关键核心备件及常用原材料，实现供应链集成和运营的全覆盖；提升商品满足度，精准匹配集团生产经营发展实际，满足不同产业的差异化需求。

协同运营子体系。按照协同运营、分工协作的理念，物资公司构建商城协同运营机制，以产业化、专业化、一体化、市场化为原则，设计了"双运营主体，多经营主体"的运营模式，两个运营主体分别负责集团煤炭产业板块和电力等其他产业板块的商城运营、结算等工作，多个经营主体（物资公司各区域采购机构的电商业务部）负责承担区域的商城铺货采购和就近服务等工作，充分发挥物资公司覆盖全国的组织体系作用，利用各单位的专业优势和地域优势，建立内部短供应链式的协同运作机制。

精准服务子体系。物资公司围绕集团产业链，组建电商精准服务团队，建立精准服务长效机制。将产品采购服务延伸至各项目单位的检修现场，制定现场服务标准，满足用户日常的技术服务需求。建立完善的服务标准、运营标准，同时根据用户的需要提供个性化、定制化的服务，可根据用户的检修计划，组织安排特定的供应商提供现场服务和专业对接，超前策划检修的技术路线、材料准备及工期。同时，在平台功能、铺货需求、下单验收、催交催运、预存款透支、开票结算、技术支持、紧急采购等方面，持续为用户提供更加高效的服务，不断提升用户的满意度。

质量价格监督子体系。商城建立质量价格监督机制，通过源头控制、渠道溯源、生产监造、定期检测和用户回访等手段开展质量监督；通过平台预警、行业比对、市场调查、用户监督等手段进行价格监管，建立质量、价格、诚信履约的监管体系，并逐步推动形成能源行业采购质量、价格标准体系。

11.3.3 技术支持体系

独立自主的信息技术能力是现代供应链管理与服务的重要支撑，是物资公司转型升级、不断创新、持续保持竞争优势的有效保障。根据发展需要，物资公司结合企业实际，建设信息技术核心团队，实现底层技术自主可控，外围生态联合开发，在关键技术方面自主创新，在核心功能方面重点突破，提高平台建设与运维、大数据应用、价格监控、智能化场景应用等方面能力，为推进非招标采购和电商服务的数字化、信息化、智能化发展，以及物资公司智慧采购体系建设提供强有力的信息技术支持。

物资公司对科技研发项目制定专项管理办法和研发中心绩效考核管理与奖励制度，成立奖励基金，用于奖励核心技术团队推行项目揭榜挂帅，服务于创新机制。搭建创新环境，成立兴趣小组、青年创新工作室、科技攻坚组等，调动创新活力，着力攻关解决科技创新等技术方面的难题。

第 12 章

非招标采购数字化转型

12.1 转型背景

2010 年之前，国有企业的采购方式还是以传统采购为主，虽然通过集中采购、物资超市等手段，可以降低企业采购成本和库存占用，但由于传统采购主要依靠人工完成，当企业采购规模逐步扩大、采购业务日趋复杂时，传统采购的瓶颈问题日益显现。

（1）采购效率低下：传统采购模式下，企业采购流程复杂，包括采购申请、采购信息发布、招标投标评标、洽谈签约结算、物流配送交割、协调相关部门等环节在内全部手工操作，耗费了大量的时间和人力，导致过程效率低下。采购部门的管理人员需要处理大量的事务性工作，无法在战略的高度上担任起所负责项目的损益分析、评估和决策工作，也很难实行前瞻性的采购管理、重新审视采购模型、建立供应商战略合作伙伴关系、协助供应商合理化运作等。

（2）信息共享程度低：采购方和供应方不能进行及时有效的信息沟通，遇到的问题难以及时解决。由于难以及时掌握最新的产品信息、供应采购信息，企业不得不保持较高的库存，产生较高的库存持有费用和物流仓储费用。

（3）业务的可追溯性弱：由于大部分的采购操作和与供应商的谈判是通过采购人员线下完成的，采购信息和供应商信息基本上由每个业务人员自己掌握，信息没有共享。一旦出了问题，难以调查；同时采购任务的执行优劣在相当程度上取决于人，人员的岗位变动对业务的影响大。

（4）采购的管控力度弱：比如传统招投标活动存在工作行为不规范、评标专家管理不到位、不利于监管等问题。采购控制通常是事后控制，无法在事前进行控制。

虽然事后控制也能带来一定的效果，但是事前控制能够为企业减少许多不必要的损失，尤其是如果一个企业横跨多个区域，其事前控制的意义会更为明显。

随着网络信息技术的广泛应用，信息技术结合传统采购方式的第一次变革出现在招投标领域。2013 年 2 月，国家发展改革委等八部委颁布了《电子招标投标办法》。同年 10 月，物资公司建成国内首家完全按照《电子招标投标办法》要求运行的全流程电子招投标平台。电子招投标模式拉开了国有企业电子采购的序幕，在提升国有企业的管理能力、提高工作效率、打破信息盲区、防止越权办事、开展实时监督、维护市场秩序等方面发挥了积极的作用。

此后，国资委持续推动中央企业实行集中采购、组织采购管理对标，对采购集中率、采购公开率、采购上网率提出了明确的要求。国企改革"1 + N"系列文件中，明确提出规范招标采购环节，要求中央企业加大集中采购力度，通过充分利用信息化手段，向供应链管理转变，加强惩防体系建设并不断创新采购管理方法和手段，准确把握采购管理发展方向，建立集中、高效、透明的采购管理体系。以市场化为主导的国企改革进入全面加速期，在新技术浪潮的冲击下，借助互联网技术，促进央企内部创新创业成为大势所趋。

电力、电网、石油、石化、电信、航运等中央企业按照国资委的要求，纷纷开展采购电子化转型及采购管理体系优化工作。据统计，在 2015—2018 年，中央企业集中采购率平均值由 68.8% 提升至 87.2%，公开采购率平均值由 73.8% 提升至 89.8%，上网采购率平均值由 55.4% 提升至 77.1%。

12.2 采购电子化历程

12.2.1 非招标采购平台 1.0

2015 年，原中国国电集团公司启动全面实施投资、财务、燃料和物资采购"四个集中管控"，提出物资采购"100% 集中、100% 上网、100% 公开"的目标。招投标业务在 2013 年已经实现全流程电子化，因此非招标采购业务的全流程电子化，成为实现采购三个百分百目标的关键。按照采购集中管控的原则，集团将非招标采购业务全部委托物资公司作为专业采购机构实施，对物资、工程、服务类采购行为进行规范，明确了非招标采购的实施流程和工作标准，构建了采购需求权、实施权、监督权、决策权"四权分离"相互制衡的采购管控机制。

2016 年物资公司建设并上线电子询比价采购平台（非招标采购平台 1.0 版本），将集团系统内的采购全部集中到采购平台上，将集团非招标采购制度、审批流程、业务流程等嵌入平台。平台实现集团公司物资类、工程类和服务类采购业务全覆盖，集团公司及所属单位用户全覆盖，"询价采购""单一来源采购""竞争性谈判"等非招标采购方式全覆盖。

电子询比价采购平台的功能包括七个模块（见图 12 - 1），严格按照采购管理制度和业务规范进行功能设计，体现采购与物资集中管控的要求，实现了集团采购管理思路的落地。

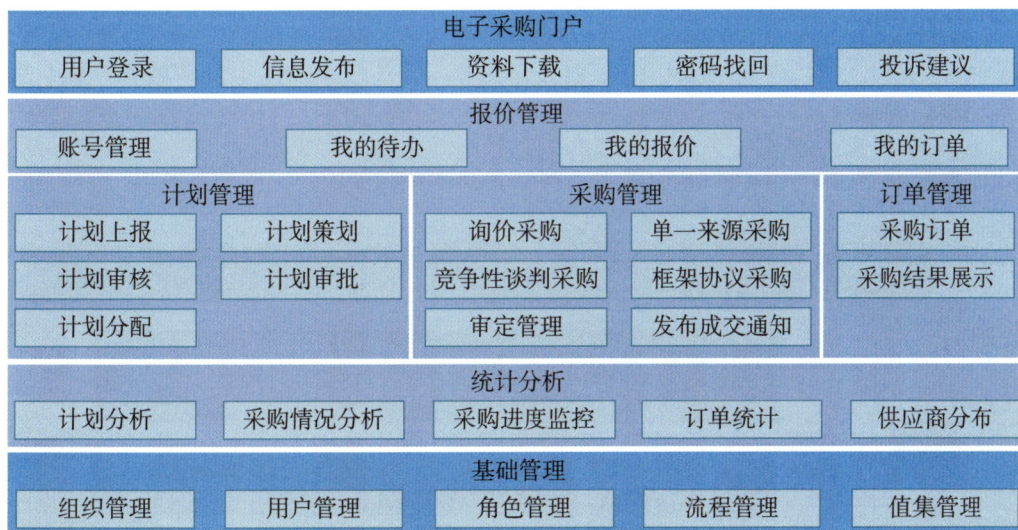

图 12 - 1 电子询比价采购平台

电子业务流程主要包括八大环节，实现从计划申报、采购实施到成交结果确认的全过程闭环管理（见图 12 - 2）。

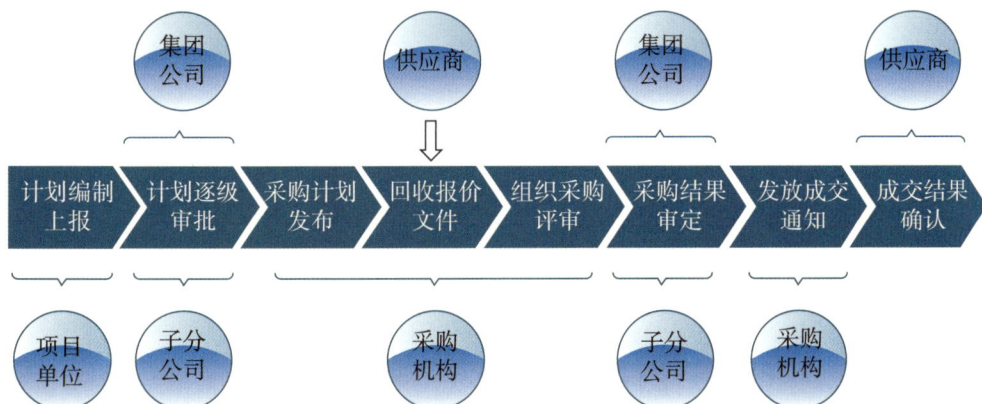

图 12 - 2 电子业务流程

12.2.2　非招标采购平台2.0

非招标采购平台1.0上线后，有效规范了集团非招标采购业务，通过阳光、公开、透明的采购方式，实现了传统采购方式向电子采购的重要转型。

随着采购业务量的快速增长，采购各方需要交换和处理的数据越来越多，包括对采购状态的实时跟踪，如采购计划状态、询价单状态、评审报告状态、成交通知状态等；采购异常情况的线上处理，如询价失败、评审失败、合同拒签等。采购业务流程、管理需求变化后，对系统功能的敏捷开发能力，大规模、高并发状态下系统的性能和稳定性等要求更加突出。为进一步优化平台功能，提升平台的用户体验，提高平台的可扩展性，物资公司于2017年采用云计算技术，对非招标采购平台1.0进行全面升级改造，按照"云架构"和"厚平台、薄应用"的设计思路，全新打造非招标采购平台2.0。国能e购电子采购平台技术架构如图12-3所示。

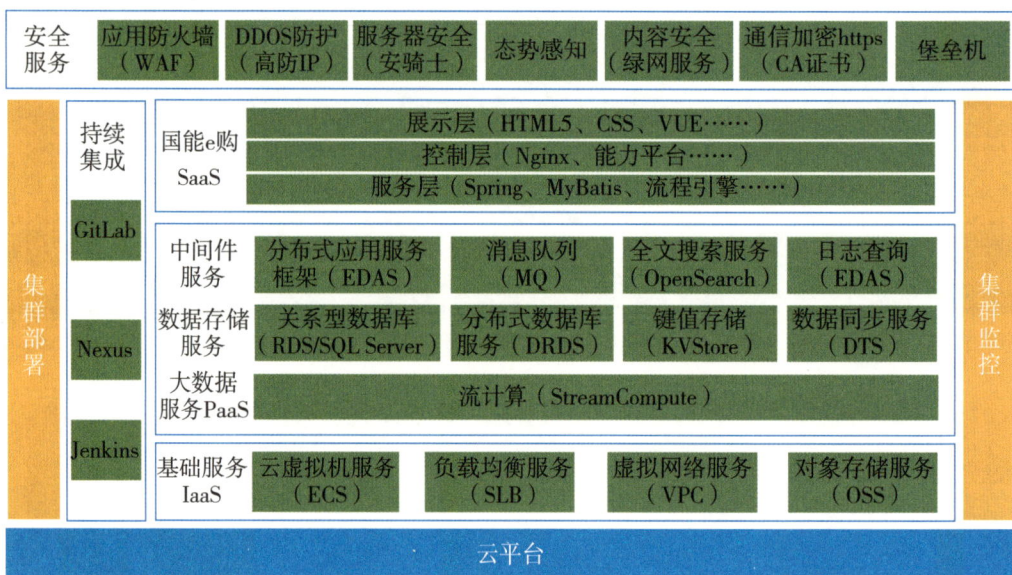

图12-3　国能e购电子采购平台技术架构

"厚平台"是指一体化云平台和共享服务中心，云平台包括虚拟化、分布式服务、分布式缓存、负载均衡和云安全等云计算系统，确保平台的弹性扩展、高可用性和安全性；服务中心包括用户中心、订单中心、支付中心等模块化组件，其"松耦合"特性支持快速搭建应用。"薄应用"是指门户、运营管理、采购管理等前台功能，基于共享服务中心定制开发。"厚平台、薄应用"不仅能满足前端应用的快速实现，还能支持后期系统新功能的快速扩展。

非招标采购平台 2.0 于 2018 年全面上线使用，新平台整体功能在原有 1.0 的基础上进行全面升级改版，包括计划管理、采购执行、报价管理、澄清管理、框架协议、销售管理、异常管理、成交通知、采购结果、订单管理和统计分析 11 个功能模块，覆盖功能点 800 余项，业务管控点约 85 个，实现了非招标多业务场景的全覆盖。

非招标采购平台 2.0（国能 e 购非招标采购平台）实现了如下六个强化。

（1）强化闭环管理：优化增加了采购终止、重新采购、评审澄清等线上审批流程，管理颗粒度延伸至四级采购单位，细化全流程节点管理，进一步明晰采购各环节主体责任。

（2）强化过程控制：完善异常处理流程，明晰采购单位、采购管理机构和专业采购机构各个环节的具体操作，实现计划终止、询价失败、评审失败、首选超概、拒签合同等各类异常情形的线上管理，增加供应商拒单审批和再确认流程，完善询价单撤回功能，变事后处理为事中控制，进一步厘清职责归属、强化过程管理。

（3）强化流程追溯：全面梳理业务流程和业务节点状态并进一步细化分级，全流程记录各节点、各角色操作行为，优化业务状态和操作行为展现方式，增加业务联查功能，实现一点切入、穿透查询和全流程追踪。

（4）强化用户体验：优化工作流功能，实现业务化配置、委托代办、批转办理和流程自定义等功能。增加待办事项、批量导入报价功能，增加计划上报历史记录和自动匹配功能，全面提升操作便捷性。平台采购管理页面如图 12-4 所示。

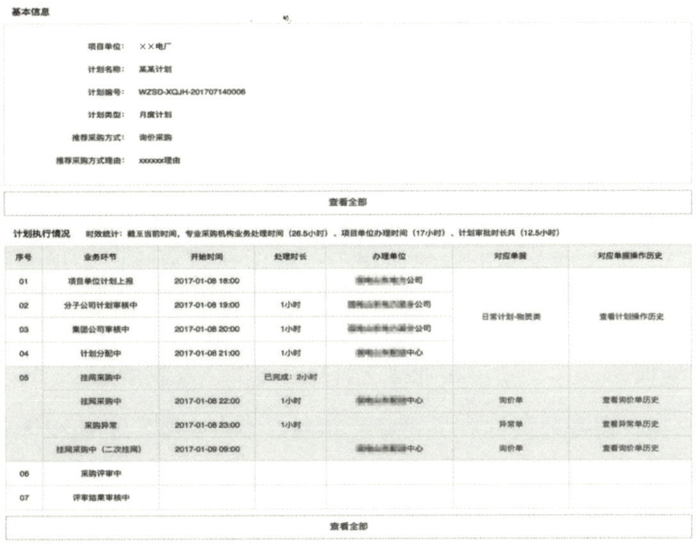

图 12-4 平台采购管理页面

（5）强化业务规范：充分体现"年度策划、季度调整、月度执行"理念和集采计划的规模采购优势。评分规则格式化、评审文件模板化、输出结果标准化，确保采购业务整体的规范化。

（6）强化智能应用：计划关联物资分类，提供业务分工后台配置，系统自动按标包或物资分类进行预策划，为智能化分配提供支持。实现多维度统计分析和采购历史查询，提升采购专业性和采购效能。

12.3 转型发展的意义

企业的数字化转型既是顺应时代发展的必然要求也是企业信息化发展必经的阶段。那么，企业进行数字化转型到底有哪些意义呢？

1. 有利于打造企业的竞争力

数字化时代的到来，使用户信息不对称的地位得到极大改观，客户感知价值最大化成为导向，从根本上改变了传统以生产为主导的商业经济模式，给企业的经营发展带来了巨大的挑战，也带来了新的机遇。数字经济时代企业的核心竞争能力从过去传统的"服务能力"变成了"服务能力 + 数字化能力"。对于传统企业，数字化转型已经不再是一道选择题，而是一道必答题。数据显示，截至 2020 年，全球1000 强企业中的 83%、中国 1000 强企业中的 72% 都将把数字化转型作为企业的战略核心。企业将"数字化"视为核心资产、新资源、新财富，数字化转型成为企业抢占新竞争制高点的有效助力。

2. 有利于企业的降本增效

应用数字技术可以降低企业的协同运营成本，基于互联网的共享服务云平台使企业能够以很低的成本享受先进的信息技术应用和服务。在世界经济论坛发布的《第四次工业革命对供应链的影响》白皮书指出，79.9% 的制造业企业和 85.5% 的物流企业认为，在不考虑金融影响的前提下，数字化转型将产生积极影响，数字化变革将使制造业企业成本降低 17.6%、营收增加 22.6%，使物流服务业成本降低34.2%、营收增加 33.6%，使零售业成本降低 7.8%、营收增加 33.3%。

第 11 章提到，物资公司打造了"中心布局，多点支撑"的组织体系，各分支机构分布较广，在数字化转型之前，上级单位难以及时了解所属单位业务的具体开展情况，只能通过实地调研和定期汇总报表等形式进行，而平级单位也无法确知其他单位的业务特点，无法借此取长补短，但经过数字化转型之后，所有的信息都集中于一个平台并进行数字化处理，既能反映组织架构中的职责分配，也能反映各业务流程的管控形式，大幅降低了企业管理成本。

3. 有利于企业的流程再造

在数字化环境下，企业之间是纵横交错的网络关系，面对分散的网络节点，整合多方资源的平台型产业组织应运而生，企业价值创造模式由传统的线性向链式、网络式转变，使得传统企业之间竞合方式趋于生态化、平台化。例如，GE 与苹果达成合作，把 Predix 平台的开发工具和微服务开放给苹果，吸纳开发者加入工业 App 开发，这将帮助把 Predix 平台打造成一个工业领域超级商店、一个知识交换中心，促进基于平台的开源社区生态繁荣。再例如，阿里云依托"ET 工业大脑"平台，集聚江苏省内 30 家信息服务企业技术能力，为 300 家制造企业提供系统解决方案，推动大中小企业的合作从简单的技术传递向可交易、可协作的服务生态转变。

就物资公司而言，传统模式下，供应链是"链式"运作，信息是单向或双向传播的，如果链条中任何一个环节出现信息断点或错误，这种错误通过"牛鞭效应"被不断放大至链条后续企业，将影响供应链的整体运作（见图 12 – 5）。

研发 → 计划 → 采购 → 制造 → 配送 → 售后

图 12 – 5　链式传统供应链

随着云计算、物联网、大数据、区块链等数字化技术的运用，这一"链式"运行模式将被颠覆，供应链信息的传播将从单向或双向的传播变成多点辐射状传播（见图 12 – 6），且不再是两点之间的传播，而是向每一个节点进行双向传播，这将极大加强企业与供应商、客户等商业伙伴间的快速互联互通，革命性地提升整体供应链的执行效率。同时也提高了供应链的稳定性。网状结构中，任何一个企业的变化和错误，"数据中台"或"管理中台"都能对其产生的后果起到平抑作用，中台可以通过任何一个相邻节点对其进行风险控制。

于是算法就变成数字化供应链的 CPU，是供应链中最有效率、最核心、最强劲、最智慧的驱动力量，而各种边缘计算是整个供应链驱动的润滑剂，区块链则解决了信息不对称所产生的信任危机，数字化让整个供应链转变为价值创造链。

数字化对企业价值链的各个环节有不同的影响（见图 12 – 7），甚至能够创造新的价值、产生新的业态，从而保持企业竞争优势。大量研究表明，供应链数字化水

图 12 - 6　数字化供应链

平的提升有望降低设计和工程成本 10%～30%，缩短 20%～50% 的市场投放时间，降低 20%～50% 的库存持有成本等。

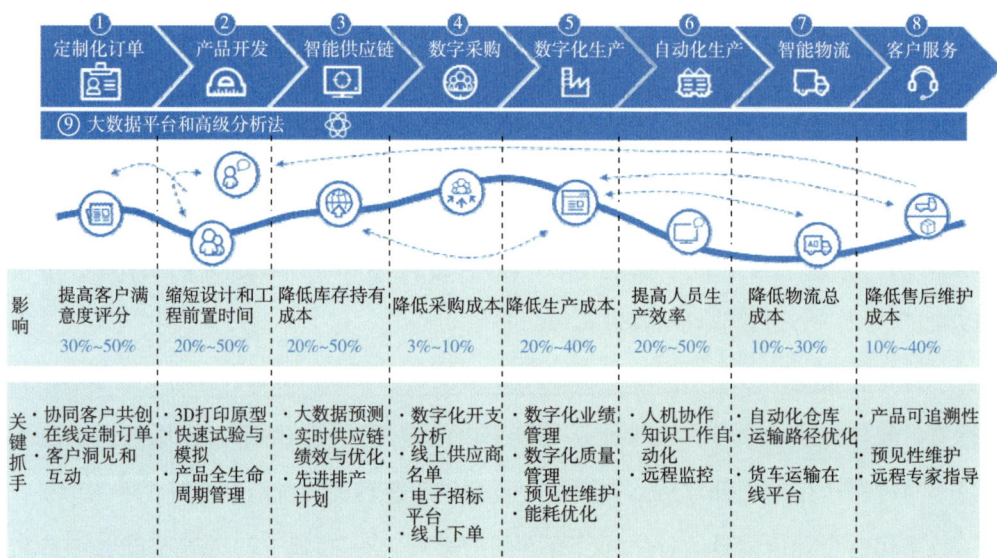

影响	提高客户满意度评分	缩短设计和工程前置时间	降低库存持有成本	降低采购成本	降低生产成本	提高人员生产效率	降低物流总成本	降低售后维护成本
	30%～50%	20%～50%	20%～50%	3%～10%	20%～40%	20%～50%	10%～30%	10%～40%
关键抓手	·协同客户共创 ·在线定制订单 ·客户洞见和互动	·3D打印原型 ·快速试验与模拟 ·产品全生命周期管理	·大数据预测 ·实时供应链绩效与优化 ·先进排产计划	·数字化开支分析 ·线上供应商名单 ·电子招标平台 ·线上下单	·数字化业绩管理 ·数字化质量管理 ·预见性维护 ·能耗优化	·人机协作 ·知识工作自动化 ·远程监控	·自动化仓库 ·运输路径优化 ·货车运输在线平台	·产品可追溯性 ·预见性维护 ·远程专家指导

图 12 - 7　数字化水平提升对价值链各环节影响

不同企业可以有不同的转型升级路径，但前期都要经历一条共同的转变之路——电子化、数字化转型之路，只有具备了数字化能力，基于大数据的分析决策才有基础，实施智能策划、智能采购、智能监造、智能仓储等才有可能。

第13章

创新电商化采购模式

电子商务简称电商，是指在互联网（Internet）、内部网（Intranet）和增值网（VAN，Value Added Network）上以电子交易方式进行交易活动和相关服务活动，是传统商业活动各环节的电子化、网络化。电子商务是以信息网络技术为手段，以商品交换为中心的商务活动。

13.1 电商采购发展背景

1. "互联网＋"发展理念被提到国家战略层面

2015年，李克强总理在政府工作报告中提出"互联网＋"行动计划，推动移动互联网、云计算、大数据、物联网等与现代制造业结合，促进电子商务、工业互联网和互联网金融健康发展，引导互联网企业拓展国际市场。同年，时任国务院国资委主任张毅在中央企业和地方国资委负责人会议上指出：产业优化升级，要顺应数字化、网络化、智能化发展趋势，加速推进信息化与工业化深度融合，加大传统产业更新改造力度，加快重大装备产品升级换代。这也意味着，国有企业一定要发挥主导作用，结合互联网做好"加法"转型升级。在《国务院关于积极推进"互联网＋"行动的指导意见》中，将"互联网＋创业创新"纳入11个重点行动之首。在第四次创业浪潮来临及"大众创业、万众创新"成为时代潮流的背景下，央企利用互联网思维活化内部资源，突破企业自身发展局限，把业务及机制转化为"互联网＋"经济的优势，成为其履行社会责任与促进企业改革发展相结合的关键举措。2015年以来，以市场化为主导的国企改革进入全面加速期，在新技术浪潮的冲击下，一系列传统行业和商业模式面临着彻底改造甚至全面颠覆，以市场为导向，借助互联网技术，促进央企内部创业创新成为大势所趋。

2015 年以来，制造企业通过建立集采集销平台，实现了上下游信息的高效整合以及对中小企业的辐射引领；综合型电子商务平台逐步从单纯提供信息发布向交易服务、供应链金融等方向转型；行业性电子商务服务平台的业务范围已开始向网上交易、物流配送、信用支付等服务领域延伸。随着电子商务法制化营商环境和支撑体系的进一步完善，消费水平的不断提高，我国电子商务将继续保持快速发展势头，并与传统产业不断深化融合，进一步提升社会资源配置效率，推动经济结构优化升级，促进国民经济持续健康发展，成为中国经济发展的新动力。

习近平总书记指出，新时代我国经济发展的基本特征，是由高速增长阶段转向高质量发展阶段。党的十九大报告提出了"中国特色社会主义进入了新时代"。新时代的中国，正在以高标准引领经济社会高质量发展，全面建设"制造中国""网络中国""数字中国"。2019 年中国数字经济增加值规模为 35.8 万亿元，同比增长 14.53%，占 GDP 比重达 36.2%，占比同比提升 1.4 个百分点。其中，数字产业化增加值为 7.1 万亿元，同比增长 11.1%，占 GDP 比重 7.2%；产业数字化增加值为 28.8 万亿元，同比增长 15.56%，占 GDP 比重 29.0%。当前我国正处于数字经济发展的黄金时代，在各种信息技术革命的驱动下，社会经济各个环节均产生深刻变革；电子商务作为数字经济的重要组成部分，以独有的优势助力中国外贸逆势发力，实现量的稳定增长和质的稳步提升。

2. 国企电商化转型成必然趋势

与传统采购相比，企业对于采购业务的关注点由价格和质量两个单一变量，转向整体效率的提升、成本的下降以及采购过程中所获得的综合服务。调查结果表明，企业采购电商化可以结构性地改变企业内部的供应链管理模式，分别从采购寻源、供应商管理、物流配送、支付结算等多个环节通过流程再造和数据化决策来提升效率和降低成本，通过不断开展的系统优化和机制创新，可以帮助企业实现可持续性的、根本性的"降本增效"。例如，企业日常消耗性物资、通用物资、备品备件等需求计划分散、重复采购，一方面增加了需求单位的库存成本，另一方面不利于专业采购机构集中打捆，不利于发挥集团规模效益。通过构建网上商城，可以实现同质物资集中铺货，按需实时采购，发挥规模效益，实现降本增效。

2016 年，按照集团公司的部署安排，物资公司先后与京东、苏宁、得力、西域 4 家电商平台开展合作，对办公用品、劳保用品等小额物资实施电商化采购，使用单位超过 900 家，积累了电商化采购的运营经验。早期试运营阶段，合作模式主要依靠各电商平台的引入，但随着采购规模和使用范围的不断扩大，其便捷性、可控性、拓展性等问题随之显现，如 4 家电商平台需分别登录使用，存在比质比价困难，账户管理、资金管理、结算管理复杂，价格监管不能有效开展等问题。自主建设独立、统一的网上商城，实现电商业务的统一管理、规范经营、有效监管，成为物资公司发展电商业务的必然选择。

综上，通过自主建设网上商城，持续发挥电商化采购优势，既是大势所趋，也是企业自身发展的需要。

13.2 商城的主要业务

物资公司于 2017 年建设国能 e 购商城，打造能源领域独树一帜的专用工业品 B2B 电子商务平台。商城从最初上线的电力专区、电子超市两个板块，发展到今天，已拓展到煤炭专区、化工专区、运输专区、IT 专区、爱心帮扶等十余个专业板块。商城的快速发展主要得益于商城以产业链为核心，以用户需求为导向，以供应链协同为基础，结合物资采购集中管控要求，强化电商化采购，拓展采购、运营、服务能力。

13.2.1 自营专区

自营专区包括电力专区、煤炭专区、化工专区、运输专区、IT 专区等特色板块，主营电力、煤矿、化工、主要运输设备、重要辅机的生产类备件，以及大宗材料、消耗性物资等通用品类及劳保职业健康类产品和标准化服务包（见表 13 - 1）。

表 13 - 1	自营专区分类
自营专区	**主要经营范围**
电力专区	主营火电、风电、水电、光伏、燃机等发电生产专用的设备、材料、备品备件及相关专业化服务
煤炭专区	主营煤矿、矿山等生产专用的设备、材料、备品配件及相关专业化服务
化工专区	主营煤制油、化工等生产专用的设备、材料、备品配件及相关专业化服务
运输专区	主营铁路、港口、航运等运输专用的设备、材料、备品配件及相关专业化服务
IT 专区	主营经集团公司信息部备案或定制的电脑终端、服务器、网络产品等及相关专业化服务
通用品类专区	主营使用频率高、消耗性大、通用性强的大宗材料、通用物资等及相关专业化服务

商城自营专区按照一体化运营、分工协作、专业化管理理念，构建高效协同供

应链组织体系。实行"先款后货、商品资源共享、多运营主体并行"的运营管理模式。其中包括统采统销模式、分采统销模式以及其他运营模式。

1. 主要铺货流程

自营专区商品铺货遵循需求驱动、源头采购、依法合规和扶优劣汰原则。为保障铺货采购的合规性和可操作性,制定自营专区铺货采购全流程操作标准,在标准中明确商城铺货采购的开展程序,其主要包括需求调研分析、铺货清单标准化、采购方式选择和采购实施。

(1)需求调研分析:依据集团公司制订的电商商品上架目录,一方面根据集团公司产业布局及战略、投资计划、行业走向、政策方向、拟铺货商品历史采购数据等,在初步判断商品具备商城上架条件和拟定铺货范围时主动向用户发起商品铺货需求调研。或者根据用户主动提出的商城采购需求,将需求调研数据与历史采购数据进行对比,分析拟铺货商品性质(备件类或工业品类)、潜在采购人分布及数量、采购频次、预估采购量、需要重点关注的商品等因素,根据分析结果复核是否具备铺货条件及铺货范围,初步拟定铺货清单和采购方式。

(2)铺货清单标准化:根据需求调研分析形成初步铺货清单,组建标准化工作组开展清单标准化工作。主要对清单中商品的物料名称、型号规格、技术参数、个性要求等进行标准化描述,并遵循集团公司物资主数据编码要求,对铺货物资项填写规范的物资属性描述。通过对物资主数据赋码,为后续的采购、铺货、下单、统计等各个环节建立信息衔接、信息共享的纽带。

(3)采购方式选择:专区铺货采购,以确定的标准化清单为依据,根据协议期内清单中商品的预估采购金额和商品性质确定采购方式。技术标准统一、市场竞争充分、品牌差异小、价格可比较的大宗材料、通用物资的采购,通常采用招标或询价的方式。当招标采购时,一家供应商的供货能力无法满足商城全部采购用户需求的,细分采购用户或细分产品,划分多个标段,每一个标段选定一家供应商。如根据商品性质,确实具有唯一性、特定性、原有性等不可替代的属性,且符合集团公司单一来源采购适用条件时,将采用单一来源的采购方式。对采购需求集中、品牌认知度高,且只能按品牌采用单一来源方式采购的工业品,创新开展品牌铺货,通过公开招标方式,建立入围供应商名单后再与入围供应商分别进行谈判采购。

(4)采购实施:确定铺货清单明细及采购方式后,按照集团规定的采购程序和采购文件范本编制相应的采购文件,在线执行相应的采购流程,采购结果经审定后,启动铺货上架。

针对商城已铺货的协议，为提高铺货效率，在满足管理要求的条件下，可以实施增补采购和协议延期操作，具体如下。

增补采购：通过单一来源采购的，原则上可以实施增补采购，履行单一来源采购程序，铺货上架。

协议延期：铺货协议执行良好，市场环境未发生重大变化，协议物资重新采购铺货无法在原协议到期前完成的，经审定后，可执行延期。

2. 选品下单流程

为保证电商化采购的统一管理和有序开展，采购单位用户按照集团公司采购计划相关要求在集团公司采购管理平台（ERP、SRM）在线提报电商采购计划，经审批，电商采购计划自动传递到商城进行选品下单。专区采购流程如图 13 - 1 所示。

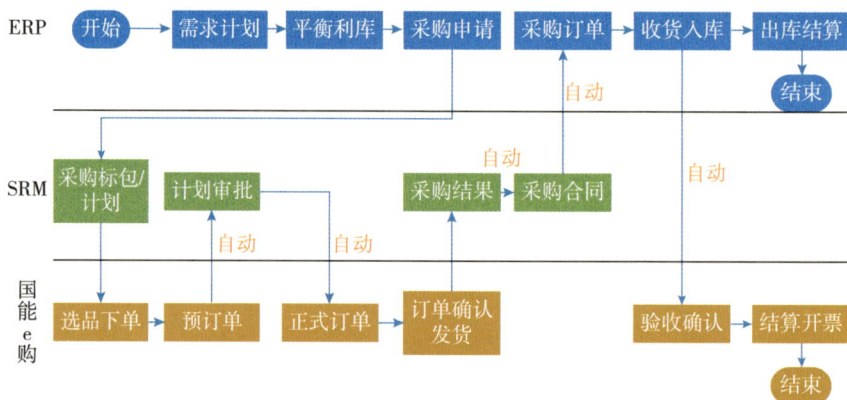

图 13 - 1　专区采购流程

3. 专区结算流程

商城采购执行预存款制度，采购单位用户下单前，先申请开通商城账户，并支付预存款。下单后，由国能 e 购商城直接从用户预存款账户中扣减相应的金额。订单采取首付款＋尾款的付款方式，为提高资金的利用效率，根据不同的订单金额设置梯级首付款扣款比例。

主要结算流程如下。

（1）采购单位支付预存款。

（2）采购单位下单采购，选择结算发票类型，维护开票信息、邮寄信息并自动扣款。

（3）商城确认订单并组织发货。

（4）供应商做"发货登记"。

（5）采购单位做"到货验收"。

（6）商城运营机构向供应商发送"开票通知"。

（7）供应商使用协同结算模块开具并邮寄发票。

（8）商城自动获取发票电子信息并自动校验合规性。

（9）采购单位向商城运营机构提交"开票申请"。

（10）商城运营机构向采购单位开具发票并邮寄。

（11）商城运营机构完成与供应商、采购单位结算相关业务。

13.2.2　电子超市

电子超市板块经营商品为低值易耗品、办公用品、工器具、标准工业品等，多为同一类商品供应商较分散、采购人需求多样、采购频次高的商品。电子超市板块与国内多家知名电商（如京东、苏宁、得力、西域、固安捷、震坤行等）合作，解决办公、劳保、数码3C、MRO类工业品的一站式采购问题。

通过与外部电商平台建立接口，按照统一标准将各电商商品数据同步到国能 e 购商城集中展示，采购用户可实现外部电商同类商品的搜索、对比，体验同一商品的精确比价功能。目前电子超市板块上线商品有五十余万种。

1. 外部电商考察标准

结合对商品质量、供货渠道、物流配送、售后服务等方面的要求，主要考察以下内容。

（1）国内有较高知名度的综合性电商平台，市场占有率高，大众认可度高。

（2）上架商品必须为电商自营商品，即外部电商对所售商品的质量、物流配送、售后服务等全过程负责。

（3）有完善的仓储物流配送体系，可服务全国范围。

（4）平台功能完善，用户体验度好，具有针对企业采购的 B2B 平台，可针对企业要求，定制开发专属功能并实现 API 对接。

（5）具有央企（省级以上政府部门或大型集团企业）电商采购服务经验。

2. 外部电商引入方式

外部电商通过招标方式引入，综合评价外部电商库存能力、商品品类数量、物流配送水平、商品来源渠道、开票结算效率、售后服务能力、财产保险等因素，采取以下两种方式。第一种是商品清单、价格折扣率招标。招标阶段，外部电商对商品清单、价格折扣率进行报价，有效期一般不超一年。第二种是按照集团公司短名单管理规定，建立外部电商短名单，有效期一般不超三年，按短名单规定组织实施外部电商商品铺货上架。在铺货上架前运营单位根据审定的结果与外部电商签订协议，协议内容主要包括双方权利与义务、上架铺货商品范围、上架铺货流程、价格折扣率、商品价格调整原则、质量要求、物流配送要求、售后服务要求、发票开具要求、管理及考核办法、罚则等。

已合作的电商和电商经营品类并非固定，而是动态竞争。商城运营机构每年结合集团公司各采购单位商品评价、问题反馈以及日常监督管理等情况对外部电商进行考核评价，主要考核外部电商价格折扣率执行、商品质量、物流配送、售后服务等。根据监控数据和用户反映，对存在问题的合作电商采取约谈、罚款、暂停经营、限期整改等方式进行处罚，违规经营的将终止合作。

已合作的电商商品上架，由商城运营机构根据集团电商上架商城目录规定制定上架商品细类清单，清单经物资公司采购领导小组审定后执行。清单包括外部电商名称，上架的品类、品牌、SKU 数，上架理由、价格折扣率、同一商品价格抽查对比、上架的关键时间节点等内容。同一类商品应在多个外部电商中同时上架；仅一家外部电商提供拟上架铺货商品的，原则上此商品不得上架铺货。

3. 选品下单流程

与自营专区采购一样，采购单位用户通过采购管理平台在线提报电商采购计划，经审批，电商采购计划自动传递到商城进行选品下单。下单时系统从相应采购单位的预存款账户中全额扣除预存款后，形成订单。电子超市订单的相关发货、送货、妥投等信息通过标准的 API 接口在外部电商平台、商城以及集团公司的采购管理平台之间进行交互，实现订单的全流程管控。电子超市板块采购流程如图 13-2 所示。

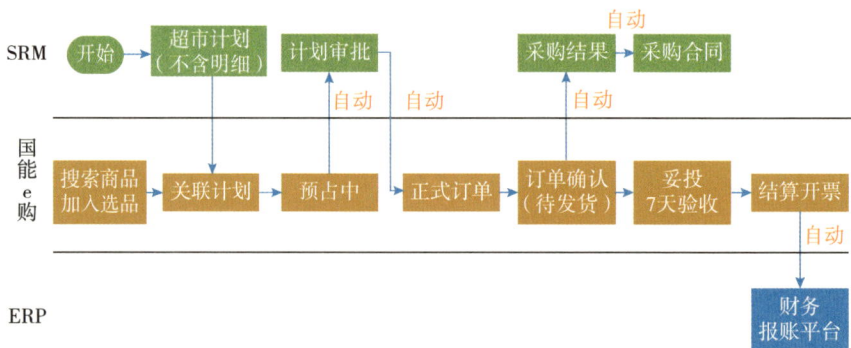

图 13-2 电子超市板块采购流程

4. 电子超市板块结算流程

采购单位用户下单前，需要开通商城账户，并支付预存款，预存款账户与自营专区为共用账户。下单后，由国能 e 购商城直接从用户预存款账户中全额扣减订单金额。

主要结算流程如下。

（1）采购单位支付预存款。

（2）采购单位下单采购，选择结算发票类型，维护开票信息、邮寄信息并自动扣款。

（3）外部电商组织发货。

（4）系统根据订单状态，自动实现"到货验收"。

（5）商城运营机构向外部电商发送"开票通知"。

（6）外部电商使用协同结算模块开具并邮寄发票。

（7）商城自动获取发票电子信息并自动校验合规性。

（8）采购单位向商城运营机构提交"开票申请"。

（9）商城运营机构向采购单位开具发票并邮寄。

电子超市订单发起开票通知前，合作电商平台自动校验订单"验收"状态一致性，一致的正常发送"开票通知"，不一致的要在发送开票通知前查明原因，并将完成时间报送电子超市业务部备案。原则上，完成时间不得超过 7 天。

13.3 新模式带来的突破

国能 e 购商城已由最初的以产品采购为主，向企业服务采购领域扩展，同时电商化采购也日益专业化，由最初的单纯货物交易，向帮助企业实现供应链精细化管理目标迈进，主要表现在以下几个方面。

一是商城严格落实"集中统一、廉洁高效、智慧协同、保障有力"的集团采购管控要求，通过商城创新的采购模式实现了采购管理权限集中、采购平台集中、采购信息集中，实现了传统采购观念转变和模式重构，有力保障了集团公司物资集中管控目标的有效落地。通过电商化的采购模式，简化采购操作流程，实现了采购供应链的去中间化，彻底解决了一单一采效率低下的问题，物资采购效率和效能得到明显提升。

二是商城以电商化的采购模式，发挥集团公司采购的规模优势，实现标准化选型，直接与主机厂、名优品牌商谈判，规范供应渠道，保证产品和服务质量。发挥规模优势、专业优势，有效降低成本，保证质量。实现了主渠道供应与采购价格深度融合，彰显了商城主渠道采购力度，强化了物资供应保障，提升了商城品牌价值，相比传统采购，规模效益显著，商城采购单价较市场单价平均降幅超过 10%，采购周期至少缩短 30 天。

三是商城采购以采购用户的需求为导向，坚持源头防范控制供应风险，通过调研考察并履行规范的采购程序，将实力强、业绩卓越、质量上乘、价格合理的制造商集中在商城铺货。通过技术手段将商品的价格信息、用户的采购信息、供应商的履约信息在商城开放共享，实现了商城业务公开、过程受控、全程在案、永久追溯，避免了传统采购过程的随意性和倾向性，开创了物资采购供应和运营管理新模式，通过数字化手段实现了廉洁采购、阳光采购和专业采购。

四是在丰富商城商品、保障物资供应和提高采购效率的同时，逐步推进了主要辅机、通用件、大宗材料、技术服务等上线，探索开展了诊断咨询服务，上线了三大主机厂和重要附件设备的标准化检修等服务。通过商城的采购模式，将物资采购服务向技术服务延伸，实现了物资采购与采购用户的生产、运行、维护、技改等方面的深度融合，切实解决了采购用户的技术难题，为采购用户提供安全环保、经济高效的技术和物资支持。

五是商城自营专区在严格监管与控制其上架商品品类的前提下，充分利用外部电商高效的供应链集成优势，结合商城集约化优势进一步挖掘外部电商增值服务，持续优化电子超市商品、品牌结构，通过其成熟的仓储、物流、服务体系，满足采购用户对小额办公用品、生活用品、MRO 等的采购需求。实现了自营专区商品与外部电商商品的有效互补，提高了采购效率效能，提升用户体验好感度，在提升商城活跃度和影响力等方面发挥了积极作用。

在采购方面，建立国能 e 购商城铺货计划管理机制，加强需求分析、市场调研，统筹谋划商品铺货品类。健全铺货采购管理机制，规范采购策划、明确采购流程、制定采购标准，构建管理规范化、操作精细化、技术标准化的铺货采购体系，防范采购风险。坚持"端对端"的主渠道采购，继续深入研究知名品牌。加强产业研究，整合资源配置，推进电力、煤炭、化工、运输等自营专区建设，以服务集团公司产业为核心需求，实现集团公司产业板块主辅机设备关键核心备件以及常用原材料的供应链集成和运营的全覆盖，满足集团公司不同专业板块的差异化采购需求，最大限度地提高各产业板块的采购效率、降低采购成本。将用户需求作为供应链运营的目标，促进集团公司上下游间的纵向产业链和各产业板块间横向供应链的互融互通，实现高效协同。深度融合 ERP 系统，推动电商化采购的物流、商流、信息流、资金流的有效协同。

在运营方面，按照协同运营、分工协作的理念，制订国能 e 购商城运营方案，构建商城运营组织体系，明确各部门、各单位职责，以产业化、专业化、一体化、市场化的原则，发挥物资公司组织体系的优越性，以及各单位的专业优势和区域优势，充分调动各单位商城运营的积极性和主动性，建立供应链协同的运营模式。建立质量价格监督机制，健全质量价格管理基本制度和标准体系，通过源头控制、渠道溯源、生产监造、定期检测、用户回访开展质量监督；通过平台预警、行业比对、市场调查、用户监督等手段进行价格监管，建立质量、价格、诚信履约的监管体系，逐步形成能源行业采购质量、价格标准体系。创新驱动理念推进协同结算，深度应用信息化技术，以平台为供应链中心，构建商城商品标准化结算规则、数据库。通过采用发票电子信息协同管理技术，有效规范、共享结算信息，实现发票全要素、上下游结算信息自动匹配审核，有效解决发票合规性、结算时效性、信息一致性等问题。以商城为中转媒介，及时响应集团公司内部对账新要求，从"业务与业务、业务与财务、财务与财务"维度，实时展示采购单位付款、商城付款等业务往来数据，实现结算信息互联互通、自助对账，打通供给端到用户端的结算流程，扩大了数字化的应用范围，营造了数字化结算的新场景，实现了商城数字化赋能。

在服务方面，立足商城协同运营模式，建立一体化的商城服务体系，制定服务标准。围绕集团公司产业体系，各单位依托区域优势组建电商运营机构、服务团队，制定现场服务标准，满足用户日常的服务需求。夯实平台基础，利用前沿技术构建高效、透明、共享的数字化服务新模式，提供货物从下单、生产、发货、配送、到货，直至验收、结算，使用全流程一体化的数字化跟踪服务，实现订单的自动跟踪、同类商品的自动比价、商品的数字化智慧验收、订单在线评价、订单在线协同结算、自动履约考核。建设运营管理服务驾驶舱，实现服务的在线可视化，实时展示商城物资采销、订单分布、仓储库存、物流配送情况。建立精准服务长效机制，加强线上、线下服务融合，在平台功能、铺货需求、下单验收、催交催运、预存款透支、开票结算、技术支持、紧急采购等方面提供更加精准的服务，提升用户的体验度。拓展国能 e 购商城的服务范围，将服务的内容标准化、规范化，制定完善的采购标准、服务标准、运营标准（指标），同时根据用户的需要提供个性化、定制化的服务。

商城的核心是利用目录化、自助化的采购方式解决如何"统一寻源、统一定价"的问题。由物资公司按照规定的采购程序，统一进行供应商的寻源、认证，并以集团名义获得供应商价格优惠，开展商城商品的上架、下架、价格调整等工作。集团各级企业根据需求可以直接在商城下单，一段时间内的采购可以集中用一张发票和一笔付款完成，无纸化办公的同时减少了采购单、发票的数量及付款次数，大大提升了采购效率。同时，商城通过解决需求企业在挑选体验、信息可视化、需求误差、进度追踪、商品更新、价格判断等方面的难题，大幅提升了用户的采购体验。

第14章

深化采购业务标准化体系

14.1 业务背景

14.1.1 非招标采购行业的特点

1. 非招标采购相关法律制度不系统、不完善

非招标采购与招标采购不同，国家没有专门针对非招标采购制定法律法规，非招标采购仅能依据《中华人民共和国民法典》等其他相关法律及企业行政管理制度执行，法律和制度不系统、不完善，且企业行政管理制度仅能对企业内部经营管理行为进行限制，与法律相比，其约束力有限，所以目前各企业非招标采购操作不规范、不统一现象普遍存在，并容易出现"监督空白地带"，采购风险较大。

2. 非招标采购项目呈现"小、杂、多"特征

非招标采购项目采购金额少、品类杂、标包数量多、采购频次高，项目特点决定了参与报价的供应商多种多样，能力素质高低有别、差异明显。某集团某年采购项目情况如表 14 – 1 所示。

表 14 – 1   某集团某年采购项目情况

项目	采购订单数量 （项）	采购金额 （万元）	单笔订单平均金额 （万元）
非招标	140000.00	5210000.00	37.21
招标	9867.00	12620000.00	1279.01
非招标占比	93.42%（数量）	29.22%（金额）	

非招标采购订单数量占某集团总采购订单数量的 93.42%，而单笔订单平均金额不及招标采购单笔订单平均金额的 3%。数据说明了非招标采购数量多、采购金额少的特点。某集团某年非招标采购项目金额分布情况如表 14 - 2 所示。

表 14 - 2 　　　　　　某集团某年非招标采购项目金额分布情况　　　　　　单位：%

小于 1 万元的项目		大于等于 1 万元且小于 10 万元的项目		大于等于 10 万元且小于 30 万元的项目		大于等于 30 万元的项目	
数量占比	金额占比	数量占比	金额占比	数量占比	金额占比	数量占比	金额占比
19.22	0.23	42.34	4.70	19.14	9.24	19.30	85.83

非招标采购项目以采购金额分布划分，可看出采购金额在 10 万元以下的采购项目数量占比达 61.56%，而这个区间的订单总金额却不到非招标总采购金额的 5%，进一步说明非招标采购"小、杂、多"的特点。

3. 非招标采购项目地域性强，供应商报价积极性受多重因素影响

因非招标采购项目普遍金额小，考虑运输成本等实际，具有地域优势的供应商报价积极性更高，所以非招标采购项目参与报价的供应商具有较强的地域性。同时供应商在市场的支配地位与报价积极性具有较强的反向关联关系，一般在市场上具有话语权或处垄断地位的供应商，其参与报价的意愿相对更弱。

4. 非招标采购方式多种多样

与招标采购不同，非招标采购的方式多种多样且不统一。一是行业协会发布的不同标准和规范中提出的采购方式多样。中国招标投标协会发布的《非招标方式采购代理服务规范》中提出非招标采购的采购方式包括询比采购、竞价采购、谈判采购、直接采购四种，而中国物流与采购联合会发布的《国有企业采购操作规范》规定的采购方式除询比采购、竞价采购外，还有合作谈判、竞争谈判、竞争磋商、单源直接采购、多源直接采购，采购方式更为细化。二是不同企业结合各自特点，制定的采购方式不同，且采购方式适用条件、定义、选取标准不统一。例如中国移动结合企业特点，制定了比选、询价、竞谈、单一来源、反拍等采购方式，并以比选为主；国家能源集团制定了询价采购（含询价通知单）、单一来源采购、竞争性谈判采购、竞价采购、直接采购等非招标采购方式。某集团某年非招标采购各采购方式占比情况如表 14 - 3 所示。

表 14－3　　　　　　某集团某年非招标采购各采购方式占比情况　　　　　　单位:%

询价采购（非评审）		询价采购（评审）		单一来源采购		竞争性谈判		竞价采购		其他方式［直接采购（含框架协议下单数据）、紧急采购、零星采购］	
数量占比	金额占比	数量占比	金额占比	数量占比	金额占比	数量占比	金额占比	数量占比	金额占比	数量占比	金额占比
45.79	10.80	19.77	36.14	7.59	25.82	0.18	1.01	0.09	0.54	26.58	25.69

不同采购方式的竞争性差异较大,采用询价和竞价采购方式的竞争性最大,相对而言,单一来源采购、直接采购的竞争性最小。

5. 采购时长短

根据实际采购数据,非招标采购项目从采购公告发布到发送成交通知书止,非评审类项目采购时长平均为 6 天,评审类项目采购时长平均为 9 天,而招标采购仅挂网时间就需要 20 天,开标、评标、定标时间以及流标再次挂网等的时间需要另算,时间会更长。相比招标,非招标采购时长短,反应更敏捷。

14.1.2　非招标采购存在的问题

由于非招标采购存在上述特点,导致非招标采购业务不统一、不规范、效率低的问题尤为突出,也直接导致采购质量不高、异议投诉频发、采购反复失败、合同难以执行等问题,具体表现为如下方面。

（1）不统一。采购术语不统一,采购文件格式不统一,严重影响理解及集团公司形象;采购项目资质业绩门槛要求不统一,同样的项目有的要求基本的资质业绩,有的要求最高的资质业绩,导致异议投诉频发;采购需求的描述清晰度不统一,有的描述细致入微,有的描述含糊不清,数量和质量都没表述清楚,导致履约过程中争议不断;评审标准不统一,例如对同样问题的处理,不同项目不同结果,不同评审专家不同结论,不同采购机构不同做法,导致争议很大;评审结果不统一,体现在评审报告格式不统一、内容要素不统一、表述方式不统一,导致评审报告质量参差不齐。

（2）不规范。采购文件编制过程中的自由度大,歧视性、排他性、特定倾向性的描述时有出现,导致潜在供应商被拒之门外,项目竞争度下降,采购失败率升高,腐败风险增加;采购方式选择不规范,在业务监督抽查过程中,发现应招未招规避招标、单一来源采购的理由不充分等问题时有发生；采购业务操作不规范，存在评审中选择性地否决部分供应商报价、线下谈判程序无章可循、监督缺位等问题。

（3）效率低。非招标采购相对于招标而言，其显著优势就是用时短，但是由于存在采购文件编制效率低、供应商报价响应周期长、采购项目失败率高、采购结构审定耗时长等原因，制约了非招标采购简洁高效优势的发挥。其中，既有客观条件的限制，也有主动管理的缺位，所以要提升非招标采购的效率，标准化的采购文件、操作流程、管理考核必不可少。

14.2 标准化体系建设及成效

非招标采购中的上述问题，必须通过标准化予以解决。物资公司经过实践探索，找到了非招标采购标准化的三条路径：采购文件示范文本标准化、业务流程标准化、管理方式标准化。如果将非招标采购比作一场跑步比赛，那么采购文件示范文本就是标准的运动装备，业务流程就是标准的赛道，管理方式就如同一个裁判，标准的外部环境提供了公平竞争的基础，作为运动员的采购机构能够跑出什么样的成绩，完全取决于其自身的努力。

14.2.1 采购文件标准化

1. 研究目标

采购文件是采购的源头，其编制质量的高低直接关系到采购的成败，重要性不言而喻。发布并推广采购文件示范文本（以下简称"采购文件范本"）是采购文件标准化的常用做法，也是编制高质量采购文件的有效途径。物资公司从"利于采购文件编制、利于采购项目报价、利于提高采购质量"的角度出发，确立了创建国家能源集团非招标采购文件范本的研究目标。经过两年的努力，形成了国家能源集团非招标采购文件范本体系。

2. 非招标采购文件范本体系介绍

国家能源集团非招标采购文件范本体系（见图 14-1）由商务范本体系及配套的标准资质业绩库、技术范本体系组成。商务范本体系总体上划分为物资、工程和服务 3 大类。每个大类下面按照采购方式（询价、竞争性谈判、单一来源、竞价）、评审方法（最低评审价格法、综合评估法）等进一步排列组合，形成 27 个商务范本。标准资质业绩库包括资质和业绩两部分。资质是现行国家法律法规、行业标准等对供应商或人员从事项目相关活动所需的资格要求。业绩是集团公司对供应商或人员从事项目相关活动所需的经验要求。两者都属于供应商参与项目的门槛性条件，不满足则被拒之门外，采用标准资质业绩库的目的就是对采购项目设置门槛提供标准，防止资格条件的随意设置，营造良好的采购市场环境。技术范本体系总体上也划分为物资、工程和服务 3 大类。每个大类下面按照项目相似度进一步划分，如将服务类划分为监理、设计、审计、法律服务、技术咨询、运行维护等，形成 35 个中类范本。每个中类范本根据采购习惯、采购频次、产业板块等进一步划分，形成 313 个小类范本。采购文件范本数量明细如表 14 - 4 所示。

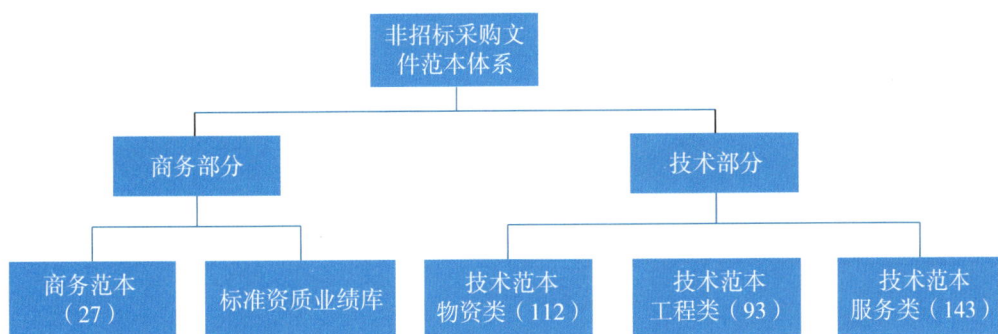

图 14 - 1　国家能源集团非招标采购文件范本体系

表 14 - 4　　　　　　　　　采购文件范本数量明细　　　　　　　　　单位：个

项目	专业类别	数量
技术范本	通用	163
	火电	33
	水电	13
	风电	13
	港口	6
	化工	18
	井工	70
	露天	18
	铁路	14
商务范本	通用	27
合计		375

3. 非招标采购文件范本体系特点

（1）商务范本特点。

商务部分分为商务范本和配套的标准资质业绩库两部分，两者根据项目配套使用。商务范本分为大类和中类。大类按采购类别划分，将商务范本按集团公司制度要求划分为物资、工程和服务 3 大类（见图 14-2）。中类是在大类的基础上按采购方式、评审方式等进行进一步划分，共划分为 28 类，例如物资类划分为物资询价最低评审价格法、物资询价综合评估法、物资单一来源、物资竞争性谈判最低评审价格法、物资竞争性谈判综合评估法、物资竞价等。商务中类范本基本可涵盖所有非招标采购项目，且对各个板块具有通用性。采购文件编制人员可根据采购项目需要直接对应选用。

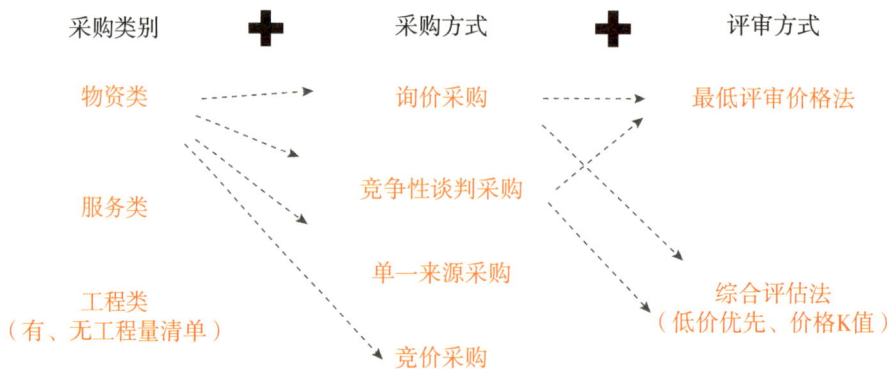

采购类别　　✚　　采购方式　　✚　　评审方式

物资类　　　　　　　询价采购　　　　　　最低评审价格法

服务类　　　　　　竞争性谈判采购

工程类　　　　　　单一来源采购　　　　综合评估法
（有、无工程量清单）　　　　　　　　　（低价优先、价格K值）

　　　　　　　　　　竞价采购

图 14-2　商务范本分类

商务范本内容采用主流的前附表设计，将需要根据具体项目修改的内容全部集中在前附表中，其余内容基本不需要改动。

（2）技术范本特点。

目前国内非招标采购领域对范本的研究仅限于商务范本，例如中国招标投标协会编制的《非招标方式采购文件示范文本》、中国物流与采购联合会编制的《国有企业采购文件示范文本》均不包含技术范本，原因在于非招标采购项目"小、杂、多"的特征，导致难以形成统一的技术范本。为解决非招标采购项目差异化的采购需求和标准化的管理需求之间的矛盾，物资公司创造性地提出了范本"分级分类、通专结合"的解决方案，开创了非招标采购技术范本的先河。

分级分类是指技术范本分为大类、中类、小类三类（见图 14-3）。

大类是按国家能源集团管理制度要求将技术范本划分为物资、工程和服务 3 类。

中类是在大类的基础上将范本按类似程度、项目性质、项目内容等进一步划分，可涵盖国家能源集团火电、水电、新能源、煤炭、运输、化工、科技、金融八大产业板块范围内所有非招标采购项目。中类范本主要为框架结构和基础内容，保证每个采购项目在中类范本中都有可对应或参考的范本。

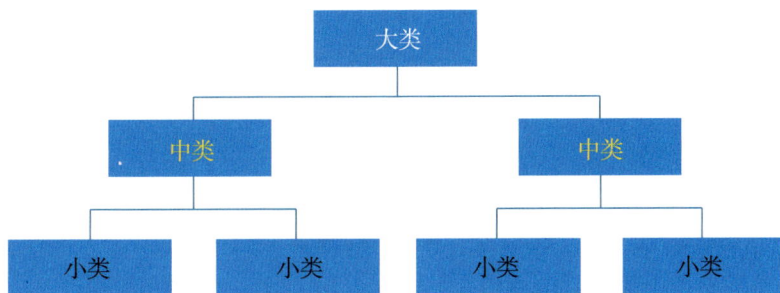

图 14 - 3 国家能源集团非招标采购文件技术范本层级

小类是在充分参考历史采购项目划分习惯的基础上，以中类下高频采购项目为依据将技术范本进行划分，同时考虑专业类别（如通用、火电、水电等）。小类范本是根据项目具体要求对中类范本的细化和完善，采购频次相对较高且具有共性的采购项目在小类范本中有对应的范本。

通专结合是指技术范本内容由通用部分和专用部分组成（见图 14 - 4）。不同技术范本内容差异较大，每个项目要求均有各自特点。因此，范本章节采用通用内容和专用内容相结合的方式。

通用部分主要对此类采购项目的通用性内容进行描述，主要用于构架搭建和统一标准，是范本的固定内容，编制采购文件时不进行修改。

专用部分主要对采购项目的专用内容、特性内容进行描述，是对通用部分的补充和完善，从而使采购文件细化到具体采购项目，是范本的可修改内容。

中类范本专用部分留白，由采购文件编制者自行编制；小类范本专用部分提供项目采购需要的常规内容，采购文件编制者根据项目具体情况可直接使用，也可修改完善后使用。

4. 非招标采购文件范本体系使用说明

（1）范本选择。

采购文件编制者在编制采购文件时，按照范本名称及范本目录"适用说明"选择适用范本。所采购项目工作内容与范本适用说明范围存在微小差异时，则选用所

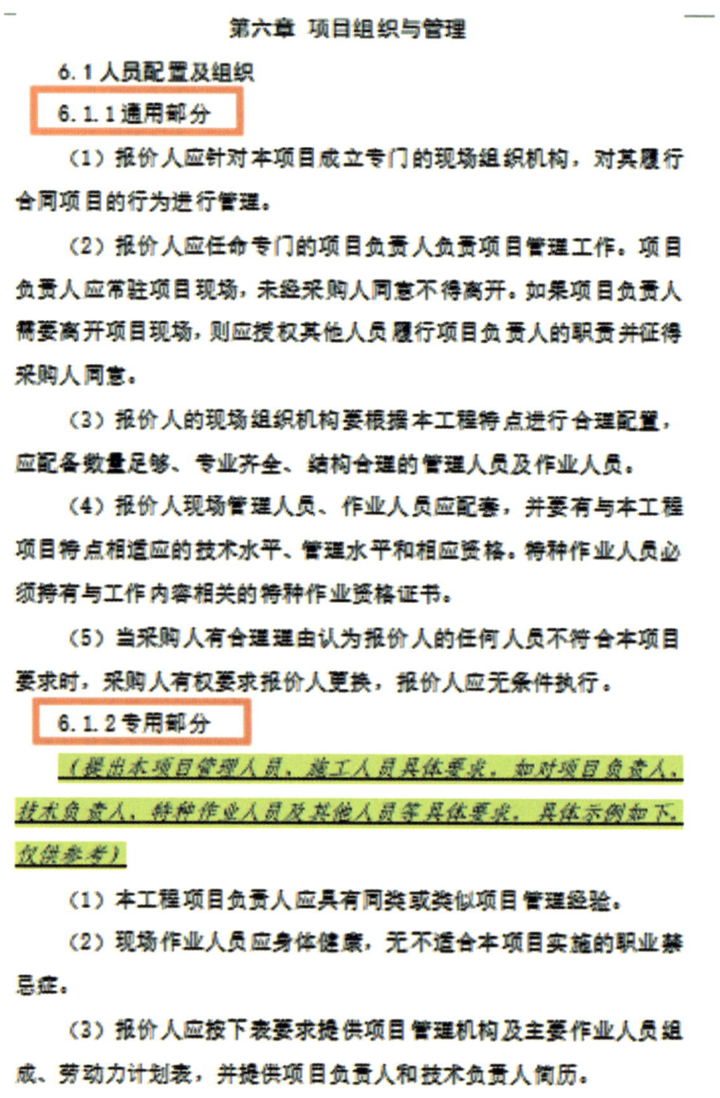

第六章 项目组织与管理

6.1 人员配置及组织

6.1.1 通用部分

（1）报价人应针对本项目成立专门的现场组织机构，对其履行合同项目的行为进行管理。

（2）报价人应任命专门的项目负责人负责项目管理工作。项目负责人应常驻项目现场，未经采购人同意不得离开。如果项目负责人需要离开项目现场，则应授权其他人员履行项目负责人的职责并征得采购人同意。

（3）报价人的现场组织机构要根据本工程特点进行合理配置，应配备数量足够、专业齐全、结构合理的管理人员及作业人员。

（4）报价人现场管理人员、作业人员应配套，并要有与本工程项目特点相适应的技术水平、管理水平和相应资格。特种作业人员必须持有与工作内容相关的特种作业资格证书。

（5）当采购人有合理理由认为报价人的任何人员不符合本项目要求时，采购人有权要求报价人更换，报价人应无条件执行。

6.1.2 专用部分

（提出本项目管理人员、施工人员具体要求。如对项目负责人、技术负责人、特种作业人员及其他人员等具体要求。具体示例如下，仅供参考）

（1）本工程项目负责人应具有同类或类似项目管理经验。

（2）现场作业人员应身体健康，无不适合本项目实施的职业禁忌症。

（3）报价人应按下表要求提供项目管理机构及主要作业人员组成、劳动力计划表，并提供项目负责人和技术负责人简历。

图 14-4　技术范本通专结合示例

采购项目主要工作内容对应适用的范本。选择时应首先选择小类范本。如所采购项目在小类范本内无对应或适用项时，从中类范本中选择。

（2）采购文件编制。

①商务文件编制。

商务文件只需编制完善商务范本的"须知前附表"中"##"位置、填空位置，其余位置原则上无须修改。可依据项目情况修改完善商务技术评分细则、分项报价表部分，合同部分由采购人提供。资质业绩根据标准资质业绩库对应选择即可。

②技术文件编制。

技术文件只需编制完善技术范本的可修改内容即可。可修改内容是指除报价人须知和范本第一章"总体要求"、范本框架结构〔一级目录（章节）和二级目录（＊.＊）〕、范本所有通用部分内容以外的内容。范本所提供的专用部分内容主要为说明、示例和参考，采购文件编制者可直接采用示例或参考内容，也可根据说明自行修改、完善。

5. 非招标采购文件范本体系应用效果

目前非招标采购文件范本体系已经在国家能源集团范围内全面推广应用。该范本体系采用顶层设计理念，先搭框架，再定通用部分内容，最后完善差异化内容，从上至下，由简入繁，逐层递进，因此形成的范本标准化程度高。中类范本通用性好，能适用于本类所有项目，解决项目无范本可用的问题。小类范本针对性强，主要用于高频采购项目，解决采购文件编制效率低的问题。两类范本相辅相成，互为补充，体现了范本的通用性；范本采用模块化的设计理念，无论是新增中类范本还是在中类下新增小类范本都简便易行，为范本数量的扩充留足了空间。对于采购人而言，使用范本编制采购文件更加容易，只需填空式地完善可编辑内容即可，大大提高编制质量和效率；对于采购管理人员而言，审查采购文件时只需审查可编辑内容即可，能及时发现不统一、不规范的问题，有效防范采购风险；对于供应商而言，标准化的采购文件易于生成高质量的响应文件，大幅提高效率和合同执行能力。

2020 年 9 月，中国物流与采购联合会公共采购分会组织采购行业权威专家对范本体系进行评审鉴定，鉴定结论："国家能源集团物资有限公司非招标采购文件范本体系合理，成果显著，具有较强的创新性、实用性和行业领先性，对相关行业的采购工作具有很高的参考价值和示范意义。"

14.2.2　业务流程标准化

1. 研究目标

国家能源集团物资公司有二十余家采购机构分布在全国各地，有数百名一线采购从业人员，普遍存在对同一文本的理解不一、对同一阶段的流程执行顺序不一、对同一操作过程的判定标准不一等问题。为进一步规范采购业务，限制自由裁量权，提高非招标采购从业人员的操作水平，提高采购效率和效能，降低采购风险，物资公司启动非招标采购业务全流程标准化项目。

2. 业务流程标准化介绍

业务流程标准化项目借鉴中国物流与采购联合会发布的《国有企业采购操作规范》、中国招标投标协会发布的《非招标方式采购代理服务规范》，立足国家法律法规，依据集团公司采购相关制度文件，因地制宜制定具有国家能源集团特色的非招标采购业务全流程操作标准。全流程标准是对集团公司、物资公司制度和非招标采购文件范本的补充、完善，三者共同构成物资公司非招标采购标准化体系。

3. 业务流程标准化内容

全流程标准文件包括但不限于非招标采购机构全流程操作标准、非招标采购计划审核标准、非招标采购项目命名标准、询价采购评审标准、竞争性谈判标准、单一来源谈判标准、竞价标准等，这些标准适用于现有的制度，同时也根据制度的修订以及使用过程中的新情况，进行不断更新和修订，由于操作标准属于手册层面，非制度层面，更新和修订相对于制度更具有灵活性和及时性。

（1）非招标采购机构全流程操作标准。

此标准是对非招标采购业务全流程各环节的总述，是对其他标准的统领。其中，术语与定义是对非招标采购业务用语如报价人、采购机构、采购专责等的定义，采购计划编制及提交是对采购计划流转和时效的要求，计划挂网是对挂网环节澄清及时限的要求，采购评审是对评审环节的要求，成交通知及服务费收取是对结果通知、供应商确认等的要求。

（2）非招标采购计划审核标准。

此标准通过对采购计划的审核，确保采购计划需求信息准确、完整、全面、合规合理，避免采购计划"带病运行"，提高采购效率效能，降低采购风险。采购计划审核重点包括形式审核、采购方式审核、评审方法审核、商务要求审核和技术要求审核等。

（3）非招标采购项目命名标准。

此标准对非招标采购项目名称进行统一规范，确保采购项目名称工整、统一。非招标采购项目名称主要由"5＋2"个字段组成：集团公司或二级单位名称＋三级单位名称＋年月＋批次＋标包名称＋采购方式＋（挂网次数）。其中"集团公司或二级单位名称、三级单位名称、标包名称、采购方式、（挂网次数）"字段为必选项，"年月、批次"字段为可选项。

（4）询价采购评审标准。

此标准聚焦询价评审过程中的常见问题：报价人报价、推荐成交价、评审价之间的区别；细微偏差判定、无效报价判定；报价文件少报、漏报、多报的判定；母子公司资质业绩的判定；总承包与专业承包资质判定；低于成本价的判定；报价超出预算价的判定等。

（5）竞争性谈判标准。

此标准聚焦竞争性谈判采购的谈判准备、初步评审、谈判、详细评审及推荐成交等环节，对竞争性谈判的细节进行规范。

（6）单一来源谈判标准。

此标准聚焦单一来源采购的谈判准备、初步评审、谈判及推荐成交等环节，对单一来源谈判的细节进行规范。

（7）竞价标准。

此标准聚焦竞价的资格审核、网络竞价、推荐成交等环节，对竞价的细节进行规范。

4. 业务流程标准化效果

标准文件成为规范业务行为的有力抓手，成为业务监督的利器，对改进非招标采购业务具有突出贡献。

14.2.3　管理方式标准化

1. 研究目标

为构建国家能源集团"集中统一、廉洁高效、智慧协同、保障有力"的物资采购管控模式，营造各采购机构之间"比学赶帮超"的采购管理氛围，切实提高每个采购机构、每位采购人员管理水平，在制度化管理的基础上创新管理模式，实现非招标采购管理工作的标准化是形势所趋，基于国能 e 购非招标采购平台和大数据体系的非招标采购标准化管理研究及应用尤为必要。物资公司于 2019 年年初启动非招标采购效率效能评价指标体系建设。

2. 非招标采购效率效能评价指标体系介绍

物资公司从采购策划、采购评审、采购成交、采购竞争度、采购方式、采购负荷等多个维度，同时考虑子分公司、物资公司、采购机构等各个层面的管理需要，编制非招标采购效率效能评价指标体系，共同提升非招标采购业务全流程的工作质量，形成了由物资公司对标指标 5 项、采购管理机构关注指标 8 项、采购机构内控指标 9 项组成的评价指标体系，如表 14 – 5 所示。

表 14 – 5　　　　　　　　　非招标采购效率效能评价指标体系

序号	指标名称	指标意义	指标层级
1	一挂成功率	综合体现物资公司采购策划、发布、组织等专业能力	对标
2	非评审类停留时长	体现采购时效性	对标
3	评审类停留时长	体现采购时效性	对标
4	采购完成率	体现工作完成程度	对标
5	服务费回收率	体现物资公司经营成果	对标
6	计划退回率	体现计划准确性	关注
7	计划终止率	体现计划严肃性	关注
8	单一来源采购占比	体现无竞争性采购占比	关注
9	评审类采购占比	体现采购复杂度	关注
10	综合评估法占比	体现非最低价采购占比	关注
11	平均报价供应商数	体现采购人项目的竞争程度	关注
12	供应商平均成交订单数量	体现供应商的集中程度	关注
13	合同签订率	体现合同档案录入是否及时	关注
14	长协采购率	体现需求集中率	内控
15	计划分配及时率	体现内部工作效率	内控
16	挂网及时率	体现内部工作效率	内控
17	评审及时率	体现采购组织能力	内控
18	采购挂起率	体现采购异常程度	内控
19	二次挂网成功率	体现对一挂失败是否采取了有效措施	内控
20	结果一次通过率	体现采购质量是否满足子分公司要求，或子分公司是否过度干预采购结果	内控
21	首选拒单率	体现对供应商的管理能力	内控
22	采购员平均负荷	反映采购员工作负荷	内控

　　指标体系固化平台实时计算，指导管理的各个层面提升采购效率和效能；物资公司 5 项对标指标在采购管理月报中进行通报，建立指标综合计算模型，将对标指标纳入目标责任制考核，采购机构分析影响指标的各项因素，将指标完成情况贯穿采购业务工作的始与终。

　　通过指标引领，2019 年到 2021 年，物资公司一挂成功率从 68% 提高至 92%，采购完成率由 82% 提高至 99%，管理水平提升作用显著。

第15章
智慧采购实践

15.1 建设概述

本章以国家能源集团物资有限公司在智慧采购领域的实践探索为例，详细介绍采购管理理论、供应商管理理论、供应链管理理论等是如何深化应用的，以"云大物移智"为代表的信息技术与物资采购是如何深度融合的。物资公司在近十年实施非招标采购数字化转型、创建国能 e 购电商化平台、深化采购业务标准化体系建设的基础上，开展智慧化探索，以数字化推动采购智能化，打造一体化智慧供应链，打造具备国际领先的供应链管理与采购服务能力的现代化平台型科技示范企业，促进集团公司产业链价值整体提升。

——以标准化为核心的采购数字化体系更加完善，行业标杆引领作用更加突出。

——数据作为新生产要素的价值创造能力得到极大发挥，实现采购智慧赋能。

——以平台为支撑的产业链、供应链协同能力和资源聚集能力有效提升，力争发展成为能源供应链链长。

物资公司数字化转型发展蓝图如图 15-1 所示。

物资公司数字化发展聚焦"一个目标"，打造"一流品牌"，提升"五种能力"，实现"八个转型"。

"一个目标"：打造具备国际领先的供应链管理与采购服务能力的现代化平台型科技示范企业。

"一流品牌"：国能 e 购。

"五种能力"：创新引领能力、自主研发能力、数据治理能力、协同服务能力、价值创造能力。

"八个转型"：业务发展平台化、数据驱动智慧化、采购创新数字化、电商运营智能化、物资价值最大化、管理监督可视化、用户服务敏捷化、供应链体系生态化。

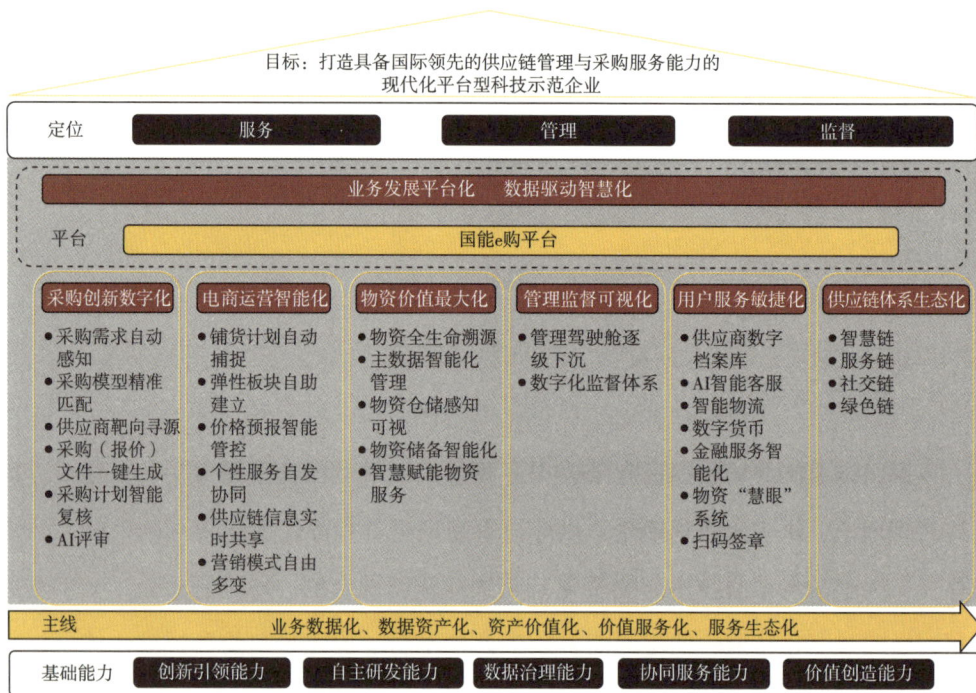

图 15－1　物资公司数字化转型发展蓝图

物资公司数字化发展以"价值创造"为核心，围绕精益价值和增长价值两个方面进行：精益价值聚焦传统物资与采购业务的提质增效，增长价值聚焦供应链新业态的培育拓展，如图 15－2 所示。

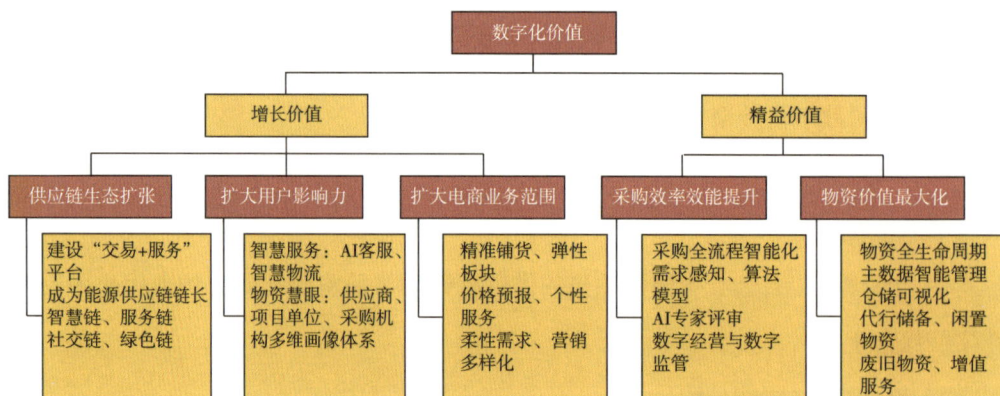

图 15－2　物资公司数字化价值体系

平台化是企业发展的下一个重大发展机遇。未来企业只有两条路可走，平台化或被平台化。平台化发展的本质即创造价值，使之发挥 1 加 1 大于 2 的综合效应。企业平台化就是将原来封闭的生态圈变成开放的生态圈，整合全要素资源来实现目标。

物资公司依托数字平台建设，推动采购业务、标准、流程、文本的数字化解构，实现传统产业链供应链上下游需求、采购、制造、物流、服务、商务等资源和能力的数字化在线汇聚；围绕采购前、采购中、采购后，实现采购资源和能力的在线发布、网络协同和实时交易，提高全要素生产率，提升全供应链整体运行效率，构建资源富集、多方参与、信息共享的智能化采购平台，如图 15 - 3 所示。

下文将围绕物资公司以"国能 e 购智能采购平台"为依托，在智慧采购、电商化采购、智慧物资管理、智慧综合服务、智慧监督管理五个领域取得的实践成果逐一展开介绍。

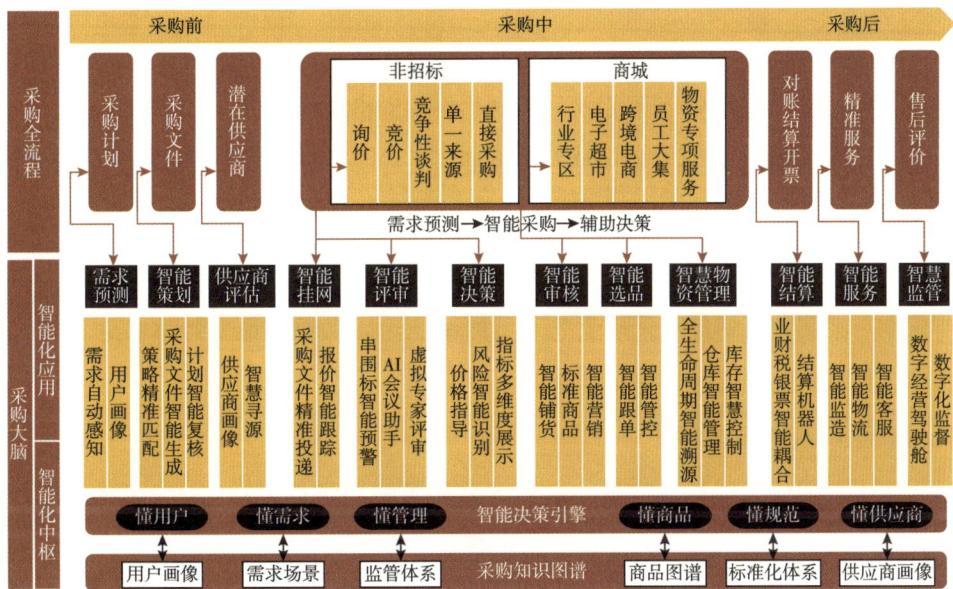

图 15 - 3　国能 e 购智能采购平台全景

15.2　非招标采购实践

数字技术的飞速发展，正在颠覆传统非招标采购业务模式，通过创新实现采购各环节的智慧化、降低各环节成本将成为未来发展的必然趋势。非招标采购智慧化的重点在采购需求自动感知、采购方案智能策划、评审资源智能统筹、报价文件智能评审、采购评价智能应用等环节，通过全流程赋能，实现非招标采购更科学、更便捷、更高效、更透明。

15.2.1 采购需求自动感知

采购需求的自动感知，是基于物资主数据，对采购历史数据、投资热点领域、市场周期波动等进行分析，建立算法模型，形成采购预判，为采购人赋能，科学指导未来的采购工作。一是科学预测年度项目采购需求。根据集团年度重点投资领域，总结采购规律，建立不同产业、不同项目的采购需求预测模型，针对不同物料的特点，提前做好需求预测与库存管控，预防关键采购品项的缺料风险，同时防止由于供应链的牛鞭效应所导致的库存积压，提升库存周转率和资金使用效率。二是精准安排采购实施时间。根据基建项目的进度，科学规划采购进度，确保各个环节有序衔接等；结合数字化的智能火电、智能水电、智能风电、智能矿山等，可以进一步根据设备的健康状况，自动感知检修需求计划；根据生产物资现有库存量和最低保障值，结合在途物资、市场态势、供应商产能等，自动生成预采购计划。三是预测合理的价格区间。通过建立不同品类、不同物料的价格预测算法，结合历史采购价格、市场价格周期等数据，形成采购价格预测模型，预判项目合理采购价格及采购时机。

15.2.2 采购方案智能策划

采购方案智能策划是对采购业务人员的赋能。如果说满足采购需求是采购的最终目标，那么采购策划则是确保目标实现的保障。

（1）采购策略精准匹配。

利用大数据分析工具，提供一站式的采购策略精准匹配服务。根据标的特性、采购计划、市场态势、供应商动态等历史数据，自动判断并设定采购方式、资质业绩、标包划分、评审办法等，形成科学完善的采购策略。从源头保障采购质量，提升采购成功率，实现集团采购制度要求的精准落地。

（2）采购（报价）文件智能生成。

采购文件结构化编制是对采购文件进行模块化分解、填空式编制。采购文件编制人员做完"填空题"后，一键生成采购文件，保障采购文件规范编制、采购需求精准表达，同时为智能评审做好前期准备。报价文件结构化响应，规范报价文件格式以及内容要求，明确其中供应商填制部分及系统抓取部分。供应商的财务、资质、业绩等信息，可从供应商资质业绩档案库中一键勾选，以选代编。报价文件固定信息自动填写，支持其他信息的动态补充，实现一键生成报价文件，提高供应商报价的便捷性和准确性，同时为智能评审做好铺垫。

（3）采购计划智能复核。

依据历史审查数据，提炼审查关键要素，形成采购计划审查逻辑模型。利用 AI、NLP、OCR、RPA 等技术，智能审查采购计划和采购文件，对错误信息给予提示并进行更正，对违法违规信息给予驳回处理，对通过审查的项目自动发布采购公告和采购文件，自动启动寻源采购。

15.2.3　评审资源智能统筹

评审会议是采购实施过程中的重要环节，其涉及评审室、评审专家等资源的统筹配置。面对评审质量和评审效率的考核，采购机构希望投入的评审室、评审专家等评审资源越多越好，但是评审专家、专家费、评审室、会务人员等评审资源毕竟是有限的，如何在评审质量和评审效率之间找到平衡，同时确保评审专家抽取的客观性、公正性、适配性，这是需要重点解决的问题。打造智能会务助手，建立会议统筹模型和专家抽取模型，通过 AI 算法，形成最优评审方案和专家抽取方案。

（1）会议智能统筹。

建立会议统筹模型的目的是优化评审资源配置。根据项目的评审计划，合理安排评审的时间、地点以及参评专家。最大限度共享评审室、共用专家，集约化利用评审资源。例如同一天有若干同类专业的评审项目，可以合并评审时间地点、打包抽取评审专家，实现评审资源利用的最大化。

（2）专家智能抽取。

建立专家抽取模型的目的是使专家抽取过程客观、公正，防范违规操作。根据项目评审对专家的要求，自动从评审专家库中抽取对应专业的商务专家和技术专家，自动邀请专家参会并记录专家能否参会，自动通知专家参会时间和地点，自动处理会议临时变更、专家临时请假等异常情况，自动补抽缺席专家，自动记录专家的出勤情况。评审小组组建过程自动完成，无人干预，有效解决评审小组组建不合规、专家信息泄露等问题。结合"专家画像"系统，实现对专家的精细化管理，有效防范廉洁风险。

除实现常规的评审专家库准入、退出、抽取等基本功能外，专家库系统还能实现评审专家劳务报酬与评审项目工作量挂钩并自动触发财务支付流程、采购机构对每个评审专家的评审表现进行评价后最终分级、评审专家对项目安排进行反向点评、评审专家职称经验数字化展示等功能。

15.2.4 报价文件智能评审

智能评审是评审过程的全面智能化升级，主要包括面向远程协同的智能云评审系统，针对评审专家行为监管的智能识别系统，打击串围标行为的智能评审预警系统，以及提升评审效率、降低人工工作量的评审智能化系统。

（1）在线智能协同。

建设集中统一的智能云评审系统（Intelligent Cloud Evaluation System，ICES），各区域配送中心建设本地主评审室，安装大屏显示器及高清摄像头，各基层企业（项目单位）建设分评审室，部署评审系统客户端，主评审室与分评审室通过广域网互联，实现视频会议、远程评审及交流、评审过程实时录制等。云评审系统各功能模块流程如图 15-4 所示。

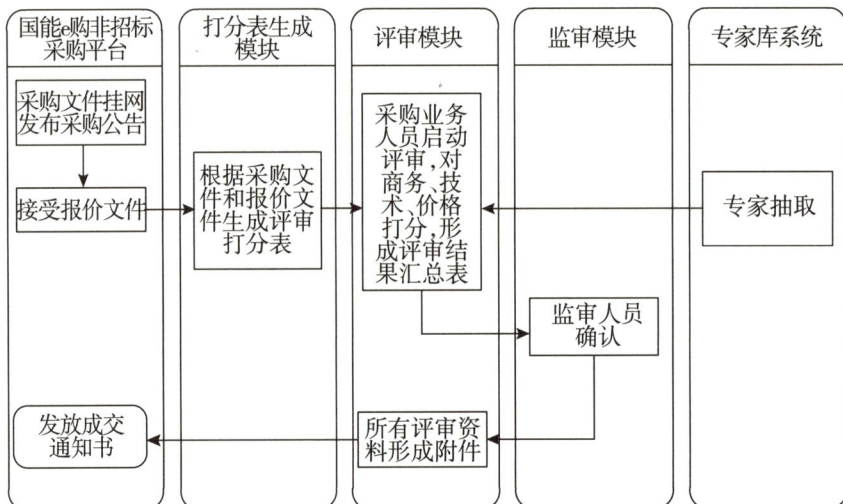

图 15-4　云评审系统各功能模块流程

目前，物资公司已配套建设覆盖全国的 530 余间主、分评审室，实现异地、多项目、多角色远程协同评审，评审过程、采购谈判等全部线上完成。2020 年新冠肺炎疫情期间，物资公司依托 ICES 系统，实现"隔离不隔岗，见屏不见面"，采购工作基本未受到影响。

（2）专家智能识别。

在评审室门口设置人脸识别门禁系统，评审专家及工作人员刷脸进入，禁止无关人员进入，同时也可实现考勤签到功能。支持 AI 开放平台下载智能分析算法模型，加载模型后可进行实时视频分析、轮巡视频分析、定时抓图分析。支持人脸抓拍、属性提取及建模/比对（人脸属性支持性别、年龄、眼镜、口罩、表情、帽子、胡子），通过人脸名单库比对实现常规布控报警、陌生人报警、人员频次报警等。搭配高清 IPC，当指定区域内的人员有特定行为时，系统自动报警，包括室内行为分析检测（人员聚集、人员奔跑、剧烈运动、人员倒地）、岗位行为分析检测（人数异常、玩手机、离岗、睡岗）、周界防范（越界侦测、进入区域、离开区域）等。

（3）风险智能预警。

在非招标采购服务过程中，我们发现由于非招标采购业务地域限制性比较大、涉及业务类别繁杂、部分供应商管理水平和法律意识偏低、企业信用信息数据不统一等原因，致使非招标采购时有围标串标、资料造假等情况发生。为了能有效识别非招标采购围标串标信息，及时发现供应商围标串标行为，进一步降低评审小组对围标串标行为的判定难度，使集团公司能够有的放矢地净化采购环境，2018 年物资公司组织力量自主研发了非招标采购智能预警系统（Intelligent Pre - warning System, IPS）。该系统严格对照相关法律法规条款，对参与非招标采购项目供应商的各项隐性与显性数据（如 IP 地址、联系人姓名、联系电话、地址、文件内容相似度等）自动进行交叉匹配分析，按可判别程度分为直接判定与复核判定两个等级，有效帮助评审小组识别出围标串标行为，使供应商之间串通的成本和难度成倍上升。系统指标分析模型如图 15 - 5 所示。系统上线之初预警率达到 35.2%，先后根据预警信息判定处置供应商 425 家，均无异议，当年年底预警率即降低至 9.14%，有力打击了围标串标行为，有效规范了采购秩序，保护了诚信供应商，提升了非招标采购的公平性、公正性，供应商参与采购的积极性也得到明显提升。同时系统将失信预警信息与集团公司 ERP 的供应商主数据对接，线上报送供应商失信行为及处置意见，按照集团规定的统一管理流程审批，经审批后，供应商失信惩处信息在全集团范围公示，实施联合惩戒。

（4）结果智能推荐。

物资公司在采购文件范本的基础上，推进采购文件及报价文件的结构化工作，建立非评审类项目的自动评审模型与评审类项目的智能评审模型。自动评审模型以定性判断为主，合格的供应商判定为通过，不合格的供应商判定为不通过。对通过的供应商进行价格修正，以修正后的价格进行排序，一般推荐最低价者成交。智能

供应商	IP地址	技术文件作者	商务文件作者	联系电话	邮箱	姓名	报价信息	报价文件内容	公司关系
……有限公司	⚠ 与2家供应商IP地址重复	✓	✓	✓	✓	? 与2家供应商姓名重复	? 与3家供应商报价信息疑似规律	✓	✓
……设备制造有限公司	⚠ 与3家供应商IP地址重复	✓	✓	⚠ 与1家供应商联系电话重复	⚠ 与1家供应商邮箱重复	? 与2家供应商姓名重复	? 与3家供应商报价信息疑似规律	✓	✓
……电设备有限公司	⚠ 与3家供应商IP地址重复	✓	✓	⚠ 与3家供应商联系电话重复	⚠ 与1家供应商邮箱重复	⚠ 与1家供应商姓名重复	? 与4家供应商报价信息疑似规律	✓	✓
……公司	✓	✓	✓	✓	✓	✓	? 与4家供应商报价信息疑似规律	✓	✓

图 15 – 5　系统指标分析模型

评审模型为定性判断和定量评估并存，先进行定性判断，再进行定量评估，最后由人工进行复核。评审过程引入机器人流程自动化（RPA）技术，实现评审过程 AI 辅助，减少人工参与，降低采购从业人员的工作强度，同时降低人为干预的风险。但是，评审模型毕竟和评审专家存在差异，只有不断进行训练和修正，才能使评审模型更加精确、更加便捷、更加可靠。

（5）移动智能操作。

国能 e 购平台移动端 App 可实现供应商移动端灵活报价，实现采购机构在移动端的实时策划、挂网、评审、审批等办公操作，实现智能云评审系统的移动应用，解决现有远程评审室固定、建设成本高、外部评审专家评审难等问题。利用网络共享 CA 和移动扫码签章技术，实现 CA 的去硬件介质、远程在线办理、签章动态管理等多项功能。通过移动扫码签章技术，解决供应商报价文件电子签章的法律效力问题；对报价文件进行非对称加密，使非招标报价文件的安全性达到电子招标系统的水平，增强国能 e 购平台的合规性。

15.2.5　采购评价智能应用

采购评价的智能应用是指对采购全流程有价值的数据进行提取分析，针对特定问题形成反馈建议，提供给参与采购的相关方使用，规避类似问题重复发生，体现数据的精益价值。例如分析采购失败原因，如属于采购文件编制的原因，则将优化建议推送到采购人的文件编制阶段，提高下次采购的成功率。

15.3 电商采购实践

国能 e 购商城以 B 端客户为中心，持续优化商品铺货、选型、营销、下单、跟单、结算等多业务流程，通过智能化升级，实现智能铺货、标准商品、智能营销、智能选品、智能跟单、智能结算、智能管控、智能服务、智能拓展等。

15.3.1 智能铺货

面对海量采购计划，充分利用大数据分析和 AI 技术，建设商城商品"铺货计划自动捕捉模型"，实现从一单一采的采购计划中自动捕捉采购频次高、采购金额大、搜索热度高等适合商城上架的商品。经深度学习、模拟后形成成熟的铺货采购方案，提高商品铺货计划的精准程度和策划效率，降低主观依赖程度，解决商品动销率低、需求调研难度大、上架商品丰富度不够的问题。

15.3.2 标准商品

基于大数据的分析与应用以及集团物资主数据标准化管理，建设商城平台统一的标准商品池，统一商品"话语体系"。以商品的规格、型号、参数等核心属性为主数据值，通过相似度检测算法等技术，找出市场上最适用的类目、属性、值的定义规范，采用"大多数适用" + "符合行业标准"的原则；在此基础上构建事实标准，再结合国家标准、行业标准、厂商数据等，建立标准商品池，构建商品的规范体系，为商品供应链上下游的互联互通与标准共识奠定数据基础，解决商品信息、规范、命名不统一问题，解决一品多码问题，实现商城商品类目标准化、属性标准化、属性值标准化，实现商品数据的智能同步。

15.3.3 智能营销

开发商城的多移动端接入，利用智能终端和电商化采购的资源优势，允许部分专区商品在平台开展直播带货活动，从被动销售向主动销售模式转变；支持商城商品团购创新，实现从小规模订单向大规模促销订单，从固定价模式到多定价模式转变；鼓励"朋友圈"营销，提升平台用户黏性，从孤立下单向社交下单模式转变。推动商城的营销模式与时俱进。

15.3.4 智能选品

基于 AI、OCR 技术的国能 e 购"商品伯乐"系统，实现智能搜索、智慧识图、智能选品、智能推荐等功能。通过商城搜索关键词及历史采购情况，建立数据索引库，解决搜索不准、体验差等问题；引入 AI 算法，智能识别与解析用户需求，标识品牌、配送时效等需求标签，综合商品定价和配送范围等因素，建立智能选品模型，实现智能推荐和精准推荐，解决选品难问题，提高选品效率；通过智慧识图技术，开发国能 e 购商城 App"拍照购"功能模块，一拍直达商品，实现智能选品，提升用户满意度。

15.3.5 智能跟单

智能协同跟单体系（见图 15 - 6），以协同机制为前提，以信息共享为基础，以用户需求为导向。业务流上，横向构建分行业分品类采购寻源、铺货上架、客户下单、配送到货、验收结算、价格质量监督、售后服务全流程高效采销供应链体系；运营流上，纵向构建全员参与、标准统一、责权明确的跟单发货、催交催运和账款催收、精准服务全流程高效管理协同的供应链体系。

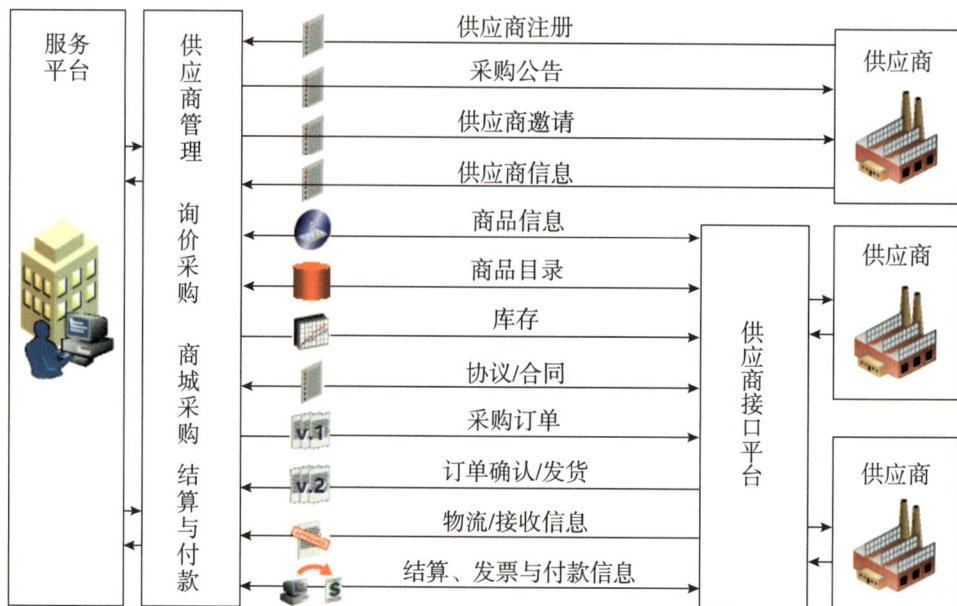

图 15 - 6　智能协同跟单体系

15.3.6 智能结算

开发智能协同结算系统（见图 15-7），积极与重点供应商和用户单位对接，进行国能 e 购商城专票电子化试点，充分运用发票数字化、区块链、大数据等核心技术，带动商城"业、财、税、票、银"一体化发展，提高结算效率。

图 15-7　智能协同结算系统

（1）依据国家税务总局有关要求，国能 e 购商城补充构建并内置在售商品税收分类编码、商品名称、规格型号、计量单位、结算转换率等标准化数据库信息 28.5 万条，并将标准建设规则融入商品采购协议，实现从人工被动审核结算规则到主动制定行业结算规则的跨越式发展，从源头上保障商城结算业务合规性，有效防范经营和税务风险。

（2）智能协同结算系统无缝连接国家税务总局电子底账库、上游企业税控系统及内控业务系统、OCR 扫描系统、商城税控系统、物流信息系统等，使原本独立的环节"连接"成一个有机整体，全面控制上下游结算标准化规则有效应用；进销项发票"一键"自动开具，发票电子信息自动回传，订单信息、电子底账库信息及发票信息全要素信息"三单"自动匹配审核，实现发票合规性、信息一致性自动智能校验，从技术上提升商城结算时效，有效提升用户体验。

（3）引入发票高速打印机、自动盖章机、自动分联切割机等智能化先进结算设备，设备性能和效率均处行业领先水平。

（4）对账模式由"单点对多点"（即结算人员单点对 1300 余家用户多点采用电话、QQ、现场方式对账）转变为"多点对单点"（即商城将往来对账数据汇总共享，用户线上自助对账），结算人员仅处理个别异常情况，对账周期缩短2/3。

15.3.7　智能管控

　　建立商城 SKU 编码，实现同一商品精确比价、同类商品智能比选（见图 15 - 8）。加大与外部电商平台、原材料平台、政府平台对接力度，实时监控政府指导价格、原材料价格、商品价格的市场波动情况，依托 AI 深度学习技术进行市场仿真和知识推理，建立"商品价格监管系统"，对价格超出合理变化范围的商品实施熔断机制，以数字化手段强化对商品价格的精准管控（见图 15 - 9）。根据原材料价格走势预测关联商品价格变化趋势，提前或延迟锁定订单，实现信息增值，进一步降本提效。解决工业品价格难了解、物资成本难分析、同一商品价格难比较、采购时机难把握的通病。

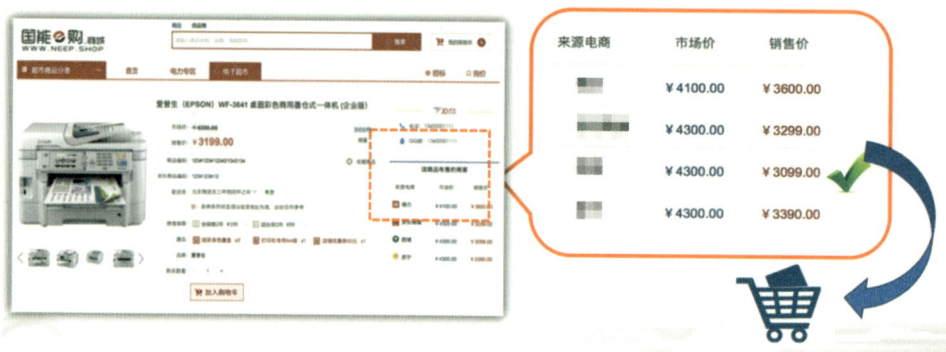

图 15 - 8　国能 e 购智能比价

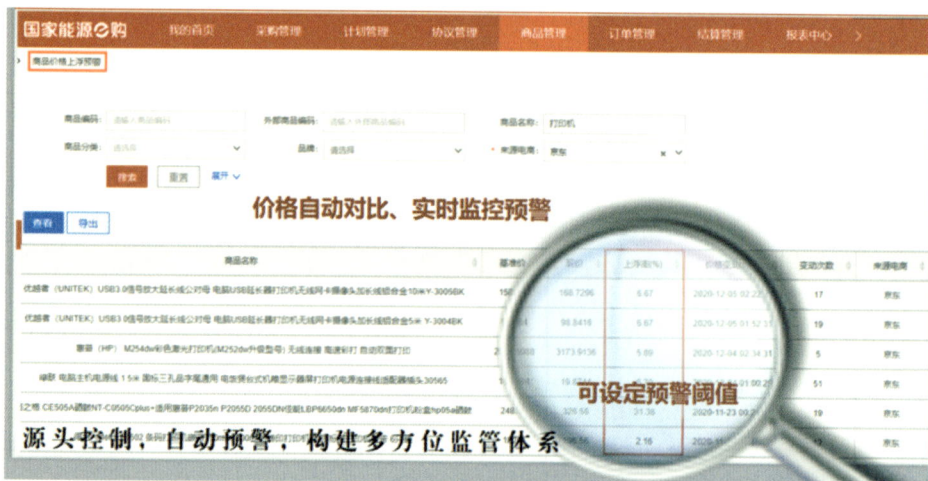

图 15 - 9　国能 e 购价格实时分析

15.3.8 智能服务

充分利用 AR 技术，实现商城的培训服务、检修服务、咨询服务从线下转向线上，从生产现场转向远程现场，从集中规模组织转向单项灵活组织，使异地专家接受求助后，通过智能穿戴设备、现场直播、AR 标注、语音讲解等方式进行远程作业指导，发挥知识价值，提高服务时效性，降低服务成本，促进商城供应链前后两端的信息交流。

开发"需求播报专区"，从需求侧推动供给侧改革，改变现有采购理念。用户可以通过平台发布新开发需求、设备长期病灶等榜单，让供应商了解生产真实需求，鼓励供应商自行揭榜，明确创新目标，从而保障生产设备安全运行，延长设备使用寿命，降低设备全生命周期成本。从源头解决诸如进口设备、备件的国产化替代难题，补足产业链、强化创新链，落实供给侧结构性改革。

15.3.9 智能拓展

对内推动商城各专区的"模块化"建设，实现商城运营单位根据实际需要、行业变化和政策导向，便捷、快速地在不同维度开辟新专区，展现柔性、即时的商城专业销售板块，解决商城各不同维度专区建立烦琐的问题，向效率要效益。利用先进的信息技术，升级平台"拼接式"建设。满足外部客户、个人用户和供应商等不同主体在商城中交易的不同诉求，定制化建立平台交易规则和支付流程，多样化开展商城经营模式，满足平台用户的个性化需求。

15.4 智慧物资管理实践

智慧物资聚焦物资的全生命周期管理，以标准化的物资主数据为基础，应用大数据、物联网、人工智能、区块链等技术，推动物资管理模式创新，实现仓库智能管理、库存智能控制、应急物资智能响应、物资管理智能决策等，达到物资价值的最大化目标。

15.4.1 主数据智能管理

引入 5G、大数据、AI 等技术，对接行业标准化研究院，引入标准管理系统，用户通过手机与 PC 端的高效连接，实现主数据管理流程的智能化、物资分类体系的动态管理、人员权限的全面管理、物资主数据专家动态管理、标准物资与国标行标的实时校验、数据智能分析及可视化展示。

通过 OCR、NLP 等技术，实现物资主数据提报审核流程中的图像智能识别、文本智能识别、分类自动推荐、参数智能带入、系统数据自动查重、字符自动校验审核，全面提升 9000 余名物资主数据提报人员工作体验，在降低工作量的同时，实现主数据源头质量和赋码效率的跨步提升。

在数据分析过程中，利用逻辑搜索、知识图谱、机器学习等技术，实现历史数据交叉对比分析，发现已赋码数据中的错误数据、重复数据，实现主数据编码的智能清理，为物资采购、物资管理等业务需求提供有力的基础数据支撑，提升集团全口径物资利用效率和流转效率，降低集团物资采购与库存资金成本，助力集团公司物资管理智慧化。

15.4.2　全生命周期智能溯源

通过平台接入供应商原材料、生产制造、工艺质量、库存等数据，实现生产数据透明化，打造"透明工厂"；在原材料供应、设备监造等环节，通过云监造、生产制造信息智能采集，开展 AR 抽检监控、质控信息多维度分析等，实现生产质量全程管控；应用物联网、移动互联等技术，利用状态传感器、信息采集器等智能终端，对关键物资生产、出厂、运输、仓储、安装、运行、报废等环节进行定位跟踪与信息采集，在线全程感知物资的位置和状态；采集物资从需求至报废全生命周期信息，建立供应链在线大数据库，形成知识图谱，实现物资全生命周期溯源。

15.4.3　仓库智能管理

物资公司在区域仓库建设过程中，积极利用智能化技术，打造智慧型仓储。利用信息化系统实现仓储信息标准化、集成化；利用条码、二维码、RFID 射频识别等技术，构建仓储物资物理自动感知基础，实现物资出入库及盘点自动化、智能化；利用电子签章、指纹识别、身份证识别及手写板等技术，实现仓储作业无纸化；利用"AI＋摄像头"技术对仓储现场进行实时智能监控，实现仓储安全管理可视化、智能化；在实体仓库基础上，建设数字虚拟仓库，助力联储共备、代行储备等工作。

为解决国能 e 购商城生产备件等重要物资的现场储备和外部电商仓库向用户延伸的问题，精准定位用户需求，物资公司启动"用户提供场地、物资公司统一建设、委托专业化公司现场管理"的前置仓建设管理模式，即前置仓仓库和办公场所、前置仓储备物资需求目录及最高和最低库存由用户负责提供和确定；前置仓运行平台搭建，前置仓运营管理、监督和考核由物资公司统一负责；仓库改造、现场仓储和配送管理、售后服务委托专业化服务机构负责。国能 e 购前置货仓外景如图 15 - 10 所示。

图 15 - 10 国能 e 购前置货仓外景

前置仓物资利用大数据分析用户行业特点、自身特征、采购习惯和历史数据，实现备货计划决策、商品智能调度、送货自动预约等功能，用户借助前置仓在物料管理上实现零库存、零流程、零时差、零浪费、零管理，节约仓储资源，实现位置偏远且对生产时效性要求高的企业重要备件本地化存储，即采即用。

15.4.4 库存智能控制

库存控制是指在保证正常生产经营需求的前提下，对库存量进行科学、动态管理，避免超储或缺货，减少库存积压、降低库存成本。物资公司按照集团公司总体部署，致力于采用智能手段，推动集团内部企业之间、内部企业与供应商之间的联储代储，有效匹配闲置物资和废旧物资适用场景，协助内部企业有效统筹控制库存。

（1）库存统筹控制模型。

物资公司建立库存统筹控制模型（见图 15-11），开展多项库存控制相关工作，多方位、全角度协助子分公司进行库存控制。库存统筹控制模型源自容器水位控制理念，即将生产企业自有库存比喻成装满某液体的容器，将积压库存比喻成沉淀，研究如何保证使用时液位和液量均保持在规定区间。有效的统筹控制方式为，在容器上端采用管道和阀门与其他容器形成连接，将容器内液体迁移至其他容器，液位即可达到规定区间，液体使用时打开阀门，其他容器内液体自行流入，保证液位保持在规定区间；在容器下端同样通过管道和阀门排放沉淀，避免沉淀过多占用液体容量，容器内沉淀还有利用价值的，排放至需要的地方，容器内沉淀没有任何利用价值的，直接排放至容器外部。从库存控制的角度看，联储共备即为将液体迁移至其他内部容器，代行储备即为将液体迁移至其他外部容器，闲置物资调剂即为将沉淀排放至需要的地方，废旧物资处置即为将沉淀直接排放至容器外部。库存统筹控制即为协助企业统筹控制各个阀门，根据需要智能控制阀门流量，将库存控制在集团公司规定的目标内。

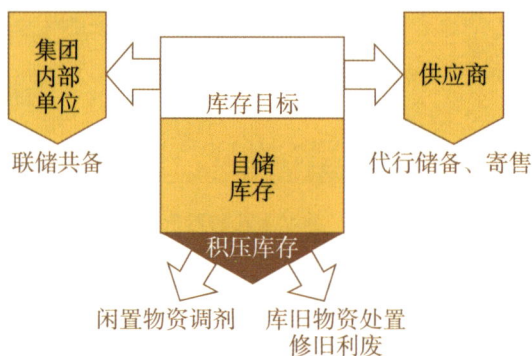

图 15-11　库存统筹控制模型

（2）联储代储智能管理。

利用物资公司作为专业采购机构的优势，充分分析生产企业的历史采购数据和检修周期，对发电机、汽轮机、锅炉、重要辅机，煤矿的采掘、运输设备的联储进行论证。建立物资联储共备分析模型，实现联储共备物资方案智能分析，根据企业名称，智能筛选具备联储共备条件的物资，提出最优储备方案，节约基层企业库存资金占用成本；利用国能 e 购商城平台优势进行备品备件联储共备，提高商城物资保障能力，降低企业库存成本。发生调拨需求时，根据储备情况，智能分析最优调拨方式，降低联储共备运营支出。联储共备专区如图 15-12 所示。

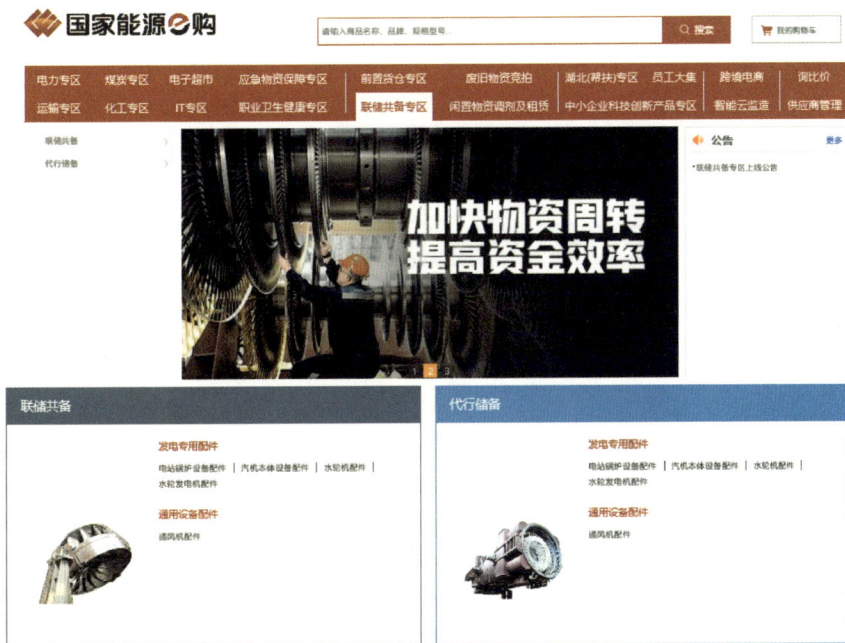

图 15－12　联储共备专区

建立物资代行储备分析模型，实现物资代行储备方案智能分析，根据物资名称、规格型号，提出最优代行储备方案，辅助代行储备工作决策；实时接入代行储备供应商库存数据，应用人工智能、物联网等技术，对代行储备仓库进行实时管控，保障储备工作有效、可靠。

（3）闲置物资智能调剂。

物资积压闲置是企业物资管理中存在的主要问题之一，主要表现为库存管理各自为政、信息缺乏有效共享，闲置物资不能科学合理地在各企业间流动、重复购置等。通过建立闲置物资调剂合理性分析模型，根据闲置物资状况、账面价格、新购价格、调剂成本等，智能分析物资调剂经济性和可行性，辅助调剂工作决策。物资公司建设闲置物资调剂专区（见图 15－13），实现各单位闲置物资清册的信息共享，与集团计划管理模块对接，对各单位提报的物资采购计划先在闲置物资调剂专区进行比对，能满足调剂要求的物资，优先调剂利用。结合智慧物流、智能仓库建设成果，实现对物资调剂过程的实时监控及跟踪，形成调剂全程可视化闭环，有效盘活企业资产。

（4）废旧物资智能处置。

随着我国社会发展的驱动力由简单的投资驱动型向创新型可持续型转变，充分

图 15 - 13　闲置物资调剂专区

发掘废旧物资的再利用价值，成为国家绿色可持续发展战略的重要支撑因素。物资公司积极推进集团范围内废旧物资处置工作。结合物资采购需求自动感知建设成果，在库存物资报废之前提出调拨、处置建议，减少废旧物资形成和价值流失；建立废旧物资价值分析模型，根据废旧物资种类、规格型号、新旧情况、市场趋势、以往处置价格等数据，对废旧物资进行智能估值，优化起拍价；建立废旧物资竞拍专区（见图 15 - 14），优化废旧物资展示方式，将静态展示向动态展示转变，回收商通过动态展示全方位、全角度了解废旧物资情况，吸引更多回收商参与竞价；将竞拍专区与第三方公告平台对接，提高物资拍卖的公信力。

图 15 - 14　废旧物资竞拍专区

15.4.5 应急物资智能响应

物资保障承担着疫情防控和经济社会发展先行官的重要作用，2020年国家能源集团开展"一防三保"工作部署，提前谋划疫情防控、防灾减灾、防洪防汛等物资保供工作。物资公司积极履行应急物资保障工作职责，开展应急物资保障专区建设。统筹集团公司"三防"（防灾、防汛、防疫）物资需求，根据不同产业板块特点，建立"三防"物资分类目录及物资储备清单；在国能e购商城建立应急物资保障专区（见图15-15），按照"能铺尽铺"原则，开展清单铺货，充分发挥电商采购效率高、物资供应安全可靠的优势；应急物资保障专区接入 ERP 中应急物资库存数据，建立应急物资资源池，出现应急物资需求时"一键响应"，智能匹配可调配应急物资；对于特种车辆、舟船等大型装备以及区域性强的建筑材料、汽柴油等物资由物资公司各地采购机构牵头，与本区域内的优质供应商建立合作关系，确保及时供应。通过应急物资保障专区，对外统一协调供应商供货及储备，对内统一调配需求物资，保障应急物资的快速调配、发放，防患于未然，确保应急物资"买得到、调得出、用得上"。

图 15-15 应急物资保障专区

15.4.6 物资管理智能决策

基于物资全生命周期数据，打造集团公司物资管理服务智库，提供物资增值服务，协助子分公司降本增效。梳理整合全集团库存资源数据，建立物资库存资源池，实现各层级库存物资资源可视化展示；结合市场供应情况、价格趋势等，依托数据分析方法，识别库存资源管理问题，建立预警信息推送机制，协助子分公司了解库存管理现状及存在问题，为子分公司智能提供物资储备、废旧物资处置工作方案建议，实现库存资源高效规范利用，强化辅助决策。建立"大物资、大库存"理念，利用物资采购、消耗、联储、代储、库存等数据，建立动态库存调整模型，通过模型智能优化储备定额，协助子分公司做好库存控制，将静态库存控制转变为动态库存控制，赋能子分公司管理决策。

15.5 综合服务智慧实践

数字经济时代，用户需求瞬息万变，企业发展及转型面临越来越多的挑战。只有以用户为中心，实现全链条用户服务，为用户创造价值最大化，提高用户满意度和忠诚度，才能快速适应市场变化，实现创新式发展和可持续发展。物资公司以智慧非招标采购、智慧电商采购、智慧物资管理三大主营业务为基础，全面拓展供应链上下游、集团内外部企业、2B 端向 2C 端的增值服务，实现了智能监造、智能物流、智能客服、智能培训、供应商画像、物资慧眼、数字货币应用等多场景赋能。

15.5.1 智能监造

国能 e 购"云监造"平台融合了国际同行一流的监造标准和流程，覆盖电力、煤炭、化工、运输等产业板块 16 个专业 100 余种重要设备。平台主要特点：一是 5G、区块链技术落地应用；二是引入 AI 智能算法，开启对表面质量缺陷智能预警；三是实现了"实时在线、远程管控、可视可溯、智能管理"监造模式。平台一站式解决了传统线下监造工作存在的普遍问题，如人员管理分散、协同效率低下、过程管控不强、数据追溯较难、信息不能实时共享、人工判断标准不一等。平台聚焦以下五大核心功能。

云视监控、精准可视。突破时空限制，利用 5G 加速 OT 和 IT 融合。采用网络化远程实时传输方式，通过对重要工序、试验过程的监控，对关键点见证和质量缺陷图像进行采集，AI 算法模型自主识别分析。

移动见证、智慧管理。集成结构化的监造标准流程，通过手机 App 实现移动见证（见图 15-16）。监造工程师在现场通过平台移动 App 端接收任务，快速实现在线质量数据采集，完成见证工作，操作便捷高效，项目管理人员通过平台实时掌握关键工艺、工序和试验的监督检查结果，极大提升了现场见证作业的规范化和过程质量的透明化水平。

图 15 – 16　国能 e 购"云监造"平台 App

风险管控、多维预警。平台根据不同设备类别设置了各类监造质量记录和质量问题处置程序，能够为研判导致设备质量问题的因素，提供大数据分析支持。项目参建各方通过平台，实现多方共享设备质量控制和检验计划、重大质量问题处置情况、设备最终性能指标、产品交付计划等资料，及时推送质量问题及进度异常等多维预警信息。

云端共享、远程会诊。平台数据存储在云空间，轻松适应高速增长的存储需求，辅以区块链技术，数据真实、可信、安全。平台聚合多位权威专家，提供远程会诊支持，共享实时资源，从现场和后端共同把控设备质量。平台知识库涵盖制造工艺标准、质量标准、监造程序、监造实务等数万条数据，使之成为管理人员的"千里眼"、监造工程师的"智囊团"。

化繁为简，协同提效。平台以"系统、智能、共享、协同"为设计理念，旨在提升设备制造质量的"透明化"和监造管理的"智能化"，通过项目分解定任务、团队协同提效率、过程留痕可追溯、多方联动强管理，对工程项目提供包括中央大屏管理驾驶舱、9 项 App 移动端应用、5 大 PC 端业务流、6 类管理驾驶舱指标在内的全方位、多维度和人性化的功能模块。

15.5.2　智能物流

国能 e 购智能物流系统是一种以信息技术为支撑，集运输、仓储、包装、流通加工、装卸搬运、配送、信息服务等为一体的物流信息感知系统。在技术上实现物品识别、地点跟踪、物品溯源、物品监控、实时响应。实现物流各环节精细化、动态化、可视化管理，提高物流系统智能化分析决策和自动化操作执行能力。"智慧+共享"物流融合了智慧化和共享化两种理念，使物流系统主要功能环节耦合协调、相辅相成，促进物流运作流程高效智能化、物流资源高度共享化以及物流功能全面转型升级。实现物流信息的主动获取，从源头开始跟踪与管理，实现信息流与实物流同步，有效提高采购服务质量。国能 e 购智能物流跟踪如图 15-17 所示。

图 15-17　国能 e 购智能物流跟踪

15.5.3　智能客服

国能 e 购智能云计算客服系统（见图 15-18）主要分为智能客服和在线客服两部分，系统提供 7×24 小时智能服务及每天至少 8 小时人工一对一解答服务。基于知识图谱和人工智能技术，搭建 AI 基础平台和 AI 运营平台，赋能智能客服应用。

智能客服将不同来源的知识、信息进行梳理加工，并沉淀到知识层，梳理几百对问答、几十轮深度业务对话流，涵盖大部分问题类型，可实现基于业务场景的深度解答，包括审批、打款、余额查询、信息查询、发货咨询等十余个业务场景。如果智能客服无法进行解答，系统将分配人工客服进行一对一服务。在线客服可支持 300 名客户同时在线咨询，50 名人工客服同时在线工作。

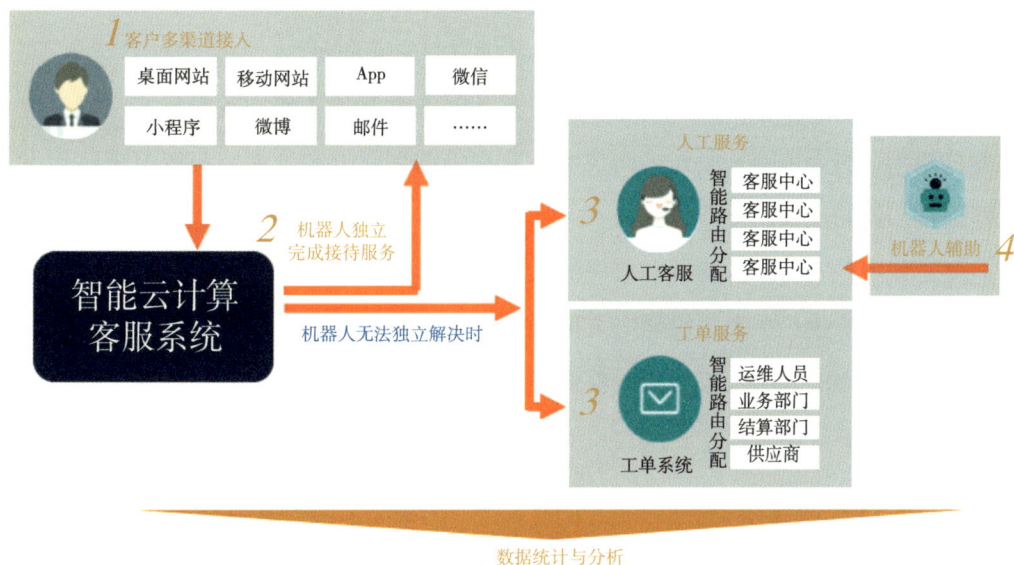

图 15 - 18　智能云计算客服系统

智能客服系统具有以下四大优势：一是能有效提升服务时效及平台整体服务水平，服务反馈时效由分钟级提升至秒级，反馈更加迅速。二是推进业务知识规范沉淀，提升服务标准。将原本散乱的、人工记录的业务知识进行规范化、结构化梳理、沉淀，形成标准统一的规范问答，用户可获取规范、统一的结果，避免因各部门口径不统一而产生不良影响。三是完善诸如快递查询、发票查询等业务查询功能，完善业务数据建设、存储、使用的链路，避免因数据丢失导致用户无法准确获知业务进展而产生的咨询、投诉等。四是将国能 e 购平台客户服务从人工模式逐渐转变为智能模式，解放重复机械化的人力劳动，进一步改善客户服务体验，提升客服工作效率、服务精准度和平台运营管理水平。

15.5.4　智能培训

国能 e 购智能培训系统实现了采购人、供应商、采购从业人员、评审专家的四位一体全覆盖，致力于数据赋能，提升相关人员的专业知识和专业技能。

对于采购人而言，智能培训利用海量的采购案例、采购模板对其赋能，从全集团甚至全行业角度审视具体项目，对采购需求和采购计划质量的提升效果显著，对项目履约的管理更加稳健和自信，对项目风险的防控更加精准和到位。

对于供应商而言，顺利完成国能 e 购商城操作是成交的基础，高质量完成报价响应是成交的关键。智能培训系统快速引导供应商完成注册、准入、报价、文件提交等操作，精准响应采购人需求，极大提升供应商的满意度。

对于采购从业人员而言，智慧采购使其从繁杂重复的工作中解脱出来，同时通过智能培训，引导采购从业人员向技术专家和采购创新方向发展，与智慧采购建设相互促进，共同成长。

对于评审专家而言，其技术领域的专业知识和采购相关法律法规的掌握程度直接影响评审的质量。在人工智能完全取代评审专家之前，提升评审专家的技能依然是智能培训努力的方向。智能培训提供完备的专家培训体系，促使评审专家自助学习、自助考试、自助认证，达标合格后参加项目评审，极大地保障了评审效率和评审质量。

15.5.5 供应商画像

物资公司在供应商申报阶段，逐步摒弃传统的由供应商提供基础资料的模式，实现国能 e 购平台与工商、税务、信用等机构的数据实时校验，确保供应商信息准确和动态更新，利用企业全景查询功能对供应商信息进行全面体检，推行手机扫描和人脸识别取得平台个人证书和企业法人证书，建立起参与主体的数字档案、诚信档案和资质业绩档案，为供应商精准画像提供数据支持。

供应商精准画像系统对供应商交易、服务、报价、履约、信用等数据进行指标特征分析，建立指标评价模型，实现供应商多维度评价。通过供应商群体画像（见图 15－19），可直观展示全集团供应商的地域分布情况、各品类供应商综合排名情况、服务能力情况等，实现供应商智能推荐和智能匹配。通过供应商个体画像（见图 15－20），可以详细展示供应商静态、动态数据指标，同时可以选择同类供应商进行综合能力比较，为供应商筛选与推荐、采购评审等提供有力的数据支撑。

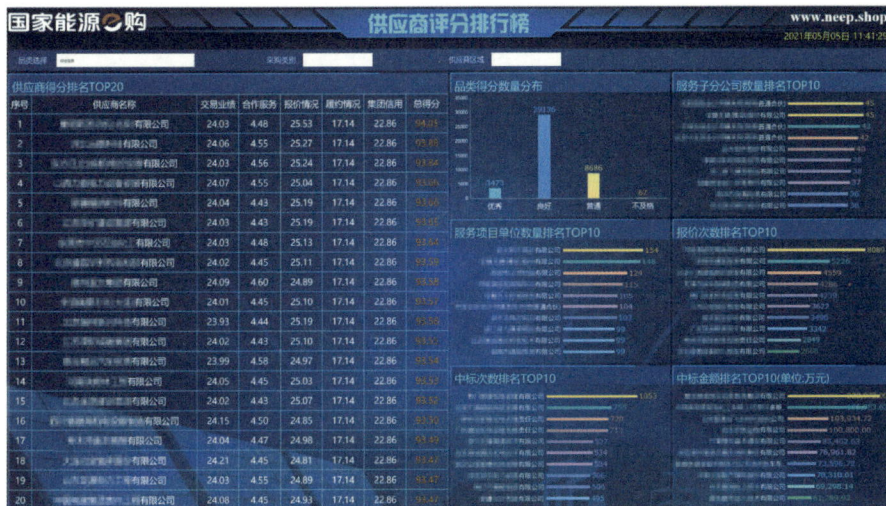

图 15-19 国能 e 购商城供应商群体画像

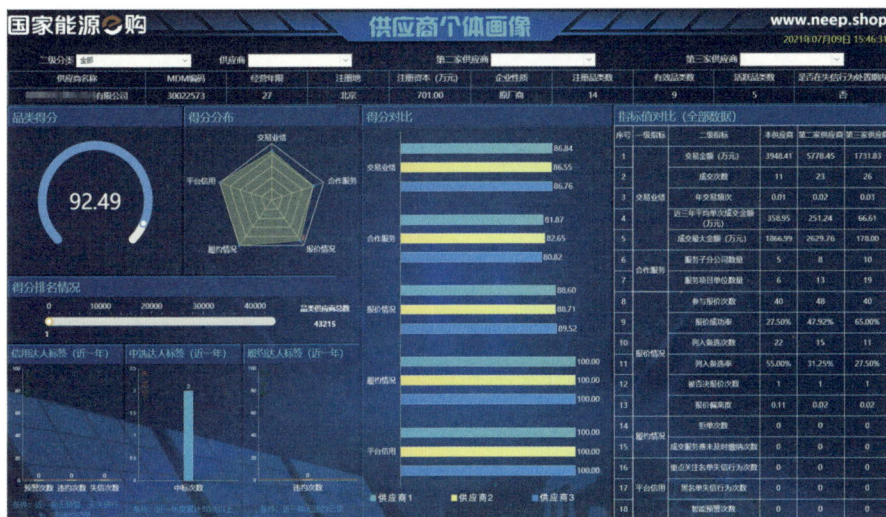

图 15-20 供应商个体画像页面

15.5.6 物资慧眼

物资慧眼是物资公司基于采购大数据打造的采购人、采购业务人员、评审专家、采购项目等的综合画像系统，具有强大的数据洞察力，起到拨云见日、慧眼识别作用。

（1）采购人画像。

采购人画像是对采购人的基本情况（地理位置、装机容量等）、采购能力（计划体量、订单金额等）、采购偏好（采购方式选择、计划提报规律等）多个方面进行建模。通过采购人画像，可以辅助采购机构有针对性地开展工作，提高采购效能和服务满意度，例如对即将到来的采购高峰，采购机构可以提前服务做好预案；对可能寻源不足的项目，精准匹配生成最佳采购策略，提醒采购人加强寻源并自动匹配推荐历史成交供应商，提高采购成功率。

（2）采购业务人员画像。

采购业务人员画像是对采购业务人员的效率效能指标（一挂成功率、挂网及时率等）、异议和投诉处理、专业技能（采购工程师考评、职称水平）等方面进行建模。画像结果可用于采购任务的科学分配，使内部管理考核工作更加公平。例如对重点的采购项目，根据画像结果，选择采购效率高、专业技能强的采购业务人员来执行；对科研、金融等专业性强的项目，选择有业务特长的采购业务人员做好精准服务。

（3）评审专家画像。

评审专家画像是对评审专家、采购人代表、采购机构代表等评审小组成员的个人情况、专业特长、评审行为等方面进行建模，实现对专家的精细化管理，为专家管理提供决策依据，同时将廉洁风险防控落到实处。

（4）采购项目画像。

采购项目画像重点针对采购失败的项目，开设失败项目"沉淀池"，统计池中各项目的自身属性，含采购人、资格要求和地理环境等各种可能影响采购成功与否的客观因素，再分析采购失败的原因。除了分析采购寻源不充分、资格条件设置过高、挂网时间不足、供应商响应积极性低等直接原因外，还要分析采购失败的底层原因，如采购人寻源主动性低、规章制度不熟悉、选择性对待供应商、企业营商环境差等内在因素。通过对失败项目与成功项目的数据对比，为后续采购项目的成功提供建议。

15.5.7　数字货币应用

物资公司与中国人民银行数字货币研究所开展战略合作，推动数字货币在电商采购领域应用。2020年6月，物资公司成立数字货币工作领导小组，与多家金融机构就数字货币项目开展研讨，布局数字人民币应用场景。2020年12月，物资公司三亚福海棠酒店完成第一笔C端数字货币交易（见图15–21）。2021年4月，物资公司实现首笔 B2B 数字货币交易，该笔交易为四川能源卧龙水电 1 号、2 号、3 号机组在线振动摆度测量分析系统改造项目相关费用的收付款。该笔对公业务的完成，标志着国家能源集团首笔企业与企业间数字货币结算应用的落地。

图 15-21 第一笔 C 端数字货币交易

15.6 智慧监督管理实践

物资公司秉持物资与采购"管理＋服务＋监督"的定位，打破常规监管模式，通过设定不同的监管权限，有目的地发掘数据价值，多样化创新监管手段，建立数字经营驾驶舱和数字化监督体系，让监管"看得到""用得上""无盲区"，智慧监管全流程实时在线。

15.6.1 数字经营驾驶舱

数字经营驾驶舱是面向各级管理者的数字化管理工具，为管理者们提供数据化、在线化、智能化的生产经营数据实时看板。可根据不同的岗位、级别，严格区分权限，呈现个性化界面和内容。数字驾驶舱的逐级下沉，可以让驾驶舱延伸至采购机构、采购业务部门等不同层级，从而更好地实现驾驶舱指挥作战功能，真正成为各级管理人员决策的"仪表盘"和"方向盘"。实现"数据一屏展示、指标一屏分析、场景一屏透视、管理一屏闭环。"

流动的数据才能产生价值，成为真正的资源。依托数字经营驾驶舱（经营管理中枢），为各机构、部门的数据归集、应用和治理搭建起了一个强大的反应堆，兼顾统一性与个性化，让管理更精准、更高效，形成"一脑治全局，两端同赋能"的运行模式。"两端"即"服务端"和"管理端"。通过经营看板可以展现物资公司及所属企业不同层级的实时经营状况，如营业额、利润指标、应收账款等，设置节点阈值，实现智能分析预测，辅助决策。通过业务看板可以对电商、非招标采购业务的运营情况、对标指标进行智能解析，自动拆解到企业、部门、采购员等不同管理对象，为高效精准治理赋能。

15.6.2　数字化监督体系

数字化监管模式是利用新一代信息技术提高监管效能，实现监管的专业性、统一性和穿透性。建立"横向到边，纵向到底"的数字化监管平台，聚焦集团公司"四个三"监管体系要求，将传统监督全面升级为渗透监督、指标监督、在线监督和直播监督，实现技术赋能和全方位管控。

渗透监督是利用大数据技术，分析关键数据，比对物资采购情况，预警管理风险，分析采购人、采购机构、供应商的喜好和行为，进一步识别供应商与供应商、供应商与采购人等不同场景的串标情况，识别廉洁风险。例如，利用聚类分析方法，从采购单据中识别"中选专业户""陪标专业户"，筛选异常社群、识别异常供应商，分析出经常组团的具有围标串标嫌疑的报价人、中选人；利用大数据分析，对同一类型的项目采购资格条件是否有较大变动、是否科学合理进行预警，提高风险识别能力。

指标监督是通过建立价格指标、业务指标等数学模型，分析指标变化趋势。例如，通过以关键物料为核心的采购价格分析模型，对同一报价人一段时期以内对于同一物资的报价是否异常，报价结果是否严重偏离历史价格等进行分析。实现采购价格波动超限预警和价格合理性分析；通过建立采购业务效率效能指标模型，对采购过程分阶段、分流程、分要素监管，精准定位制约采购效率效能的原因。

在线监管是充分利用新技术、新算法、新模型，变"人防"为"技防"。采用NLP、OCR、AI技术等，实现对采购计划、采购文件的合规性进行监管；通过智能门禁系统，应用深度算法，高效准确识别评审专家，从源头管控评审纪律；建立"云端大脑"，利用视频图像识别技术建立视觉词典，结合自动语音识别技术，构建评审反舞弊模型，在线对评审专家在评审过程中的能力、行为进行分析，实现对评审专家违规行为预警和对其自动评价。

直播监督是将评审过程在集中监控大厅通过LED大屏幕实现对外"现场直播"，确保评审过程公开透明，将以往被视为"禁区"的评审过程公开，实时"直播"专家评审，真正将评审过程置于"玻璃屋"中。

第 16 章

面向未来的智慧供应链

展望未来，物资公司将继续以数字化推动采购智能化，打造一体化智慧供应链，打造国际领先的供应链管理与采购服务能力的现代化平台型科技示范企业，促进集团公司产业链价值整体提升。

16.1 绿色供应链成为未来发展方向

中共十九届五中全会提出"十四五"时期绿色发展的指导思想："坚定不移贯彻创新、协调、绿色、开放、共享的新发展理念""生产生活方式绿色转型成效显著，能源资源配置更加合理，利用效率大幅提高""支持绿色技术创新，推进清洁生产，发展环保产业，推进重点行业和重要领域绿色化改造"。

国家能源集团始终坚持绿色发展理念，提出"绿色环保、资源共享"的管理原则，推行先进适用的节能环保技术，全面履行社会责任；倡导厉行节约、资源共享，全面开展库存优化、调剂调拨、联储共备和修旧利废工作，助力企业降本增效。在采购管理工作中积极推进"绿色采购"，履行社会责任，推动节能减排和生态环境保护，追求经济与环境和谐发展和可持续发展，优先采购在产品全生命周期中符合特定的环境保护要求、对生态环境无害或者危害较小、资源利用率高、能源消耗量低的产品。

物资公司积极响应集团公司绿色发展理念，深入贯彻"碳达峰""碳中和"行动部署，加快拓展国能 e 购商城新能源产品板块，推动绿色供应链建设。绿色供应链能够实现供应商、生产企业、销售企业、采购人之间的衔接，对产品研发、加工、存储、运输、消费等各个环节进行流程优化，实现智能化、信息化、现代化管理。

绿色供应链管理模式能够使企业获得更加长远的发展，企业在运营及管理过程中会尽量减少环境负担，同时调整自身的发展策略来降低成本。例如绿色设计，企业在进行产品设计时，就对资源应用及产品运营与环境之间的关系进行评估，在注重提高产品质量、完善产品功能的同时，考虑到产品的后续运营、消费过程中给环境带来的影响，并根据这些因素对原有的产品设计进行调整，在进行成本控制的同时，积极承担社会责任，保护环境；绿色供应，企业在原材料的选择阶段要做好把关，引进绿色原材料，为实现绿色供应链打下基础；绿色生产，采用物料和能量消耗少、废弃物少、污染小和更安全的工艺方案；绿色物流，充分利用物流资源，采用先进的物流技术，合理规划和实施运输、存储、装卸、搬运、包装、流通加工、配送、信息处理等物流活动，降低物流对环境的影响；绿色回收，产品报废后，对产品和零部件进行回收处理，使产品或零部件得到循环使用或再生利用，以减少环境污染，提高资源利用率。

16.2 智慧供应链生态圈的建立

1. 区块链应用多业务场景布局

国家能源集团已启动"区块链典型场景研究暨平台验证项目"，推动国家能源集团传统产业创新升级。项目建设内容包括区块链平台搭建、业务场景研究（采购供应链管理）及集团区块链应用建设。通过项目实施，将深入研究区块链可信数据应用场景，探索内外结合、立体穿透、动态协同的有效监管和永久追溯体系，研究区块链应用模式，从技术上确保供应链各方共治、互信、协作，服务于各类业务应用及企业治理，建成企业级区块链公共服务平台（见图 16-1），探索建立央企联盟链，推动形成"平台+应用+生态"的发展布局。

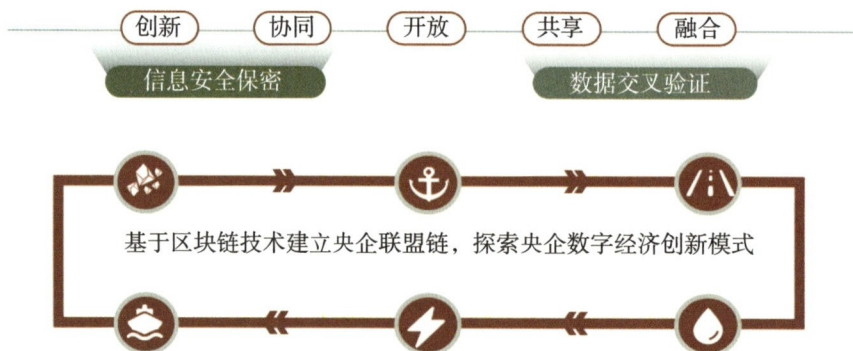

图 16-1 区块链公共服务平台

目前，区块链技术在央企的应用还处在起步阶段，相信未来借助区块链技术，可以进一步推动建立央企间的可信互通机制，促进央企间基于隐私保护和数据安全管理机制的数据共享，进一步发挥央企合力，探索数字经济新模式，为供给侧结构性改革和经济高质量发展提供更有力的支撑。

2. 跨境电商业务实现有效拓展

按照"走出去"战略，研究对业务契合度高、合作意愿强、合作条件好的区域用户进行业务布局，不断提高商城跨境的销售额。充分运用好进博会的交流合作平台，利用好国能 e 购商城的品牌效应，拓展与进口设备制造商的深化合作，总结提炼进口物资的采购经验，在继续强化进口保税寄售业务的同时，加强进口物资的供应链管理，锁定进口物资产能和供应渠道，提高进口物资的供应能力，提升商城跨境电商的运营及服务能力。

创新商业模式，突破传统管理瓶颈，摒弃一味依靠规模、资源的商业模式，主动利用新技术升级供应链，通过打造国能 e 购电子采购平台国际版、拓展外部业务，实现供应链全流程智慧化、数字化、线上交易可视化，持续提升供应链核心竞争力；充分调研并深入挖掘海南自贸区离岛免税、离境退税等优惠政策及利好因素，大胆探索、先行先试，努力推动跨境电商进出口业务在海南落地。

3. 数字化全供应链"智慧运营"体系逐步完善

2020 年 4 月 9 日，《中共中央国务院关于构建更加完善的要素市场化配置体制机制的意见》正式发布，明确将数据作为一种新型生产要素，与土地、劳动力、资本、技术等传统要素并列，数据以独特的生产要素属性，正在对经济社会发展产生深刻影响。企业数字化转型从业务数字化、数字资产化到数字资产市场化，是一条必经之路。2020 年 12 月 23 日，国家发展改革委发布《关于加快构建全国一体化大数据中心协同创新体系的指导意见》，提出要加快构建全国一体化大数据中心协同创新体系。以深化数据要素市场化配置改革为核心，优化数据中心建设布局，推动算力、算法、数据、应用资源集约化和服务化创新，对于深化政企协同、行业协同、区域协同，全面支撑各行业数字化升级和产业数字化转型具有重要意义。

作为拥有全球最大的煤炭生产、火力发电、风力发电和煤制油煤化工公司的国有能源重要骨干企业，"煤电路港航油（化）一条龙""产运销纵向一体化"是国家能源集团特有的运营模式和核心竞争力。为充分发挥一体化运营模式的整体竞争优势，国家能源集团聚焦"管理信息化、运营透明化、决策科学化、协同网络化"的价值导向，作出建设"基石项目"（生产运营协同调度信息化系统）的战略决策（见图16-2）。2020年年底，国家能源集团公司"基石项目"初步建成，形成"大煤矿、大运输、大电厂、大协同"一体化运营管控模式，进一步加快了供应链转型升级步伐。

图16-2　基石项目

　　中共十九届五中全会提出将"提升产业链供应链现代化水平"作为加快发展现代产业体系、推动经济体系优化升级的重点任务。围绕产业链升级、供应链优化，进一步发挥数据新引擎作用，加快完善供应链生态体系建设，不断挖掘供应链价值。物资公司将以"创新型、引领型、价值型"为引擎，加快向平台型科技示范企业转型。研究推进产业链、供应链与价值链的深度融合，着力构建全供应链"智慧运营"平台，进一步提升供应链的组织能力和服务能力；着力构建智慧供应链价值采购体系，充分发挥供应链的聚合效应、协同效应和增值效应，打造建设共赢共生的和谐供应链生态体系（见图16-3），引领企业高质量发展。

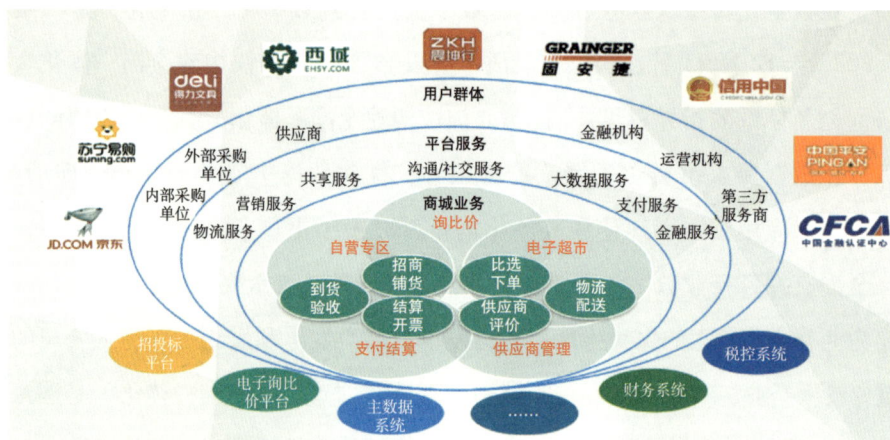

图16-3　供应链生态体系

参考文献

[1] 张涛．浅析电力物资管理中的问题及其发展对策［J］．科学与财富，2018（30）：287.

[2] 姜枫，吴北辰．电力系统无功优化算法综述［J］．中小企业管理与科技（下旬刊），2009（11）：56 - 57.

[3] 张升升．省级电网公司物资集约管理系统设计研究［D］．北京：华北电力大学，2014.

[4] 李进．政府采购实务［M］．南京：江苏科学技术出版社，2006.

[5] STEVENS G C. Successful supply - chain management［J］. Management Decision，1990，28（8）：25 - 30.

[6] 李葆文．设备前期管理(五)第三讲 设备的招投标管理［J］．设备管理与维修，2004（8）：38 - 40.

[7] 赵蕾．高校公开招标与竞争性谈判采购方式的优劣势分析［J］．中国现代教育装备，2015（13）：4 - 5.

[8] 张国英，运晓飞，陆英．省电力公司"五位一体"农配网物资供应体系的构建［J］．物流科技，2015，38（11）：136 - 138.

[9] 李季．某科研院所的物资采购管理研究与应用［D］．上海：复旦大学，2013.

[10] 黄紫劲．高校采购成本控制问题探讨［J］．中国管理信息化，2015，18（16）：37.

[11] 马倩．关于央企开展集中招标采购的探讨［J］．石油石化物资采购，2015（6）：64 - 69.

［12］郑新．企业采购管理发展趋势研究［J］．管理观察，2009（7）：81-82.

［13］BILLINGTON C. Strategic Supply Chain Management［J］. OR/MS Today，1994（4）：20-27.

［14］CHRISTY DAVID P，GROUT JOHN R. Safeguarding supply chain relationship［J］. Elsevier，1994，36（3）：233-242.

［15］SIMON C，PIETRO R，MIHALIS G. Supply Chain Management：An Analytical Framework for Critical Literature Review［J］. European Journal of Purchasing & Supply Management，2000，6（1）：67-83.

［16］姚丽．发电权交易中的博弈及交易机制设计对策［D］．南京：东南大学，2010.

［17］李飞．华为公司供应商评价研究［D］．武汉：华中科技大学，2014.

［18］江俊杰．供应链牛鞭效应在企业中的危害与消减措施［D］．上海：上海交通大学，2012.

［19］徐云龙. B公司供应链管理优化研究［D］．苏州：苏州大学，2017.

［20］NIALL WATERS-FULLER. Just-in-time purchasing and supply：a review of the literature［J］. International Journal of Operations & Production Management，1995，15（9）：220-236.

［21］MIN W，PHENG L S. Economic order quantity（EOQ）versus Just-in-time（JIT）purchasing：An alternative analysis in the ready-mixed concrete industry［J］. Construction Management and Economics，2005，23（4）：409-422.

［22］王鹏，刘婷婷，负永刚．供应链诊断和优化利器—SCOR模型［J］．今日湖北（下旬刊），2012（12）：84.

［23］张曼丽．山东省生态旅游资源的SWOT分析及对策研究——以山东省"山—水—圣人"传统旅游资源为例［J］．品牌（下半月），2015（1）：14-16.

［24］俞睿毅. A煤业物资有限公司采购管理研究［D］．成都：西南财经大学，2009.

［25］YONG-HONG KUO，ANDREW KUSIAK. From data to big data in production research：the past and future trends［J］. International Journal of Production Research，2019，57（15-16）：4828-4853.

［26］FLORIAN KACHE，STEFAN SEURING. Challenges and opportunities of digital information at the intersection of Big Data Analytics and supply chain management ［J］. International Journal of Operations & Production Management，2017，37（1）：10 – 36.

［27］ HANDFIELD R，JEONG S，CHOI T. Emerging procurement technology：data analytics and cognitive analytics ［J］. International Journal of Physical Distribution & Logistics Management，2019，49（10）：972 – 1002.

［28］ 樊炜，刘延华，杨光昊，等. 基于大数据分析技术的供应商全息画像模型分析与应用［J］. 电气时代，2019（11）：75 – 78.